1.ª edición: octubre 2012
32.ª reimpresión: agosto 2015

© Bernardo Stamateas, 2008
© Ediciones B, S. A., 2012
para el sello B de Bolsillo
Consell de Cent, 425-427 - 08009 Barcelona (España)
www.edicionesb.com

Printed in Spain
ISBN: 978-84-9872-735-7
Depósito legal: B. 23.189-2012

Impreso por NOVOPRINT
       Energía, 53
       08740 Sant Andreu de la Barca - Barcelona

Gente tóxica

BERNARDO STAMATEAS

INTRODUCCIÓN

Todos, en algún momento de nuestras vidas, nos hemos encontrado con personas problemáticas (jefes, amigos, familiares, etcétera). En todo grupo humano, ¿quién no se ha enfrentado con un manipulador que quería que hiciera todo lo que él disponía, con un psicópata que se había predispuesto a hacerle la vida imposible, con un jefe autoritario que pensaba que podía disponer de su vida las veinticuatro horas del día, con un amigo envidioso que celaba todo lo que obtenía, o con un vecino chismoso que controlaba a qué hora salía y entraba a su casa y con quién?

Más allá del dolor que nos generaron estas personas, las preguntas de quienes alguna vez tuvimos que convivir con ellas son: ¿qué hago? ¿Cómo pongo límites sin lastimar ni lastimarme a mí mismo? ¿Cómo puedo lograr que esta «gente tóxica» no entre en mi círculo afectivo íntimo?

De todo esto trata este libro.

Muchas veces permitimos entrar en nuestro círculo más íntimo a los chismosos, a los envidiosos, a gente autoritaria, a los psicópatas, a los orgullosos, a los mediocres, en fin, a *gente tóxica*, a personas equivocadas que permanentemente evalúan lo que decimos y lo que hacemos, o lo que no decimos y no hacemos.

Se trata de «personas tóxicas» que potencian nuestras debilidades, nos llenan de cargas y de frustraciones. Ellas, por cierto, saben todo lo que pasa en el ojo ajeno, pero se olvidan de ver lo que tienen en el propio. ¡No permitas que nadie tome el control de tu vida ni boicotee tus sueños!

Conéctate con la gente correcta, confía en ti. ¡Estás capacitado para hacerlo! Si tienes claro tu propósito y tus sueños podrás tener el control de tus emociones y de decidir a quiénes quieres elegir para que te acompañen. El problema surge cuando decidimos quién nos acompañará mucho antes de tener claro adónde queremos llegar.

El propósito de tu vida es tuyo y sólo a ti te pertenece diseñarlo. La solución está en ti. Desafíate cada día a más, a mucho más. Habrá personas que darán valor a tus sueños. Otras menospreciarán todo lo que te propongas. No des crédito a ninguna de aquellas palabras o sugerencias que provengan de «los tóxicos.»

El que no se alegra de tu avance o de tus sueños, que diga lo que quiera; tú prosigue hacia la meta, no te amarres a quienes no se alegran con tus éxitos. Desprecia la opinión de la «gente tóxica», sé libre de los críticos y serás libre de cada una de sus palabras y de sus acciones.

No idealices.

No esperes nada de nadie.

Cada capítulo de este libro es independiente; cada uno de ellos tiene un principio y un final pero un mismo tema que los une: la «gente tóxica». Puedes comenzar por el que más te guste, o por el que te haga pensar «éste es para mí», y recuerda que podemos liberarnos de toda clase de «gente tóxica». En este texto, encontrarás técnicas que podrás poner en marcha. Una vez ejercitadas, vislumbrarás el camino hacia la autonomía mental, liberándote de culpas falsas y ajenas. Es tiempo de proponernos, cada uno en lo suyo, ser excelentes; no nos conformemos con menos. Cambiar es sencillo, es sólo una decisión que hoy está a tu alcance.

Aprendamos a negociar, pero no cedamos nuestros derechos, pues nos pertenecen. Disponemos de dos palabras imprescindibles: «sí» y «no»; ambas nos servirán de gran ayuda para resolver cualquier diferencia que podamos tener en nuestros vínculos interpersonales. Vivimos inmersos en una sociedad, somos seres sociales y, por lo tanto, necesitamos aprender a relacionarnos de forma saludable. ¡Bienvenido al mundo de los humanos! Convivir es difícil, pero se puede.

Por cierto, quiero puntualizar que la utilización del término «tóxico» referido a los efectos perjudiciales de las conductas de ciertas personas no es un invento mío. A partir de la década de 1980, aproximadamente, se utiliza ese término con referencia a las relaciones humanas. Se habla, por ejemplo, de «costumbres tóxicas», «personas tóxicas», «relaciones tóxicas», «líderes tóxicos» e incluso de «organizaciones tóxicas».

Para finalizar, quiero agradecerle a toda la *gente tóxica* que me ha inspirado a escribir este libro. ¡Éxitos!

BERNARDO STAMATEAS

1

LOS METECULPAS

> Con todo lo que yo hice por ti, ahora ¿me pagas así?
>
> UNA MADRE A SU HIJO

1. ¿CULPABLE O INOCENTE?

La culpa es uno de los sentimientos más negativos que puede tener el ser humano y, al mismo tiempo, una de las maneras más utilizadas para manipular a los otros. Los psicólogos establecen que la culpa es *la diferencia entre lo que hice y lo que debería haber hecho, entre lo que quiero y lo que debería hacer*. La culpa es una emoción que nos paraliza, que nos impide seguir desarrollando todo el potencial que tenemos; la culpa es venganza, enfado y boicot contra uno mismo.

Vivir con culpa es vivir con cadena perpetua. Es condenarse a vivir insatisfecho, reprochándonos todo el tiempo por la vida que nos ha tocado vivir.

Ahora bien, la pregunta es: ¿nos ha tocado vivir

> **«De noventa enfermedades, cincuenta son producidas por la culpa y las otras cuarenta, por la ignorancia.»**
>
> **Anónimo**

esta clase de vida o hemos elegido erróneamente, hemos decidido equivocadamente?

La búsqueda central de todos los seres humanos está orientada a encontrar la felicidad. Fuimos creados para gozar, crecer, desarrollarnos, cumplir nuestro propósito, satisfacer nuestras necesidades y alcanzar la tan anhelada alegría.

El ser humano tiene necesidades básicas que requiere desarrollar para poder vivir libre de culpas y así apartar cada obstáculo que intente detenerlo. Veamos algunas de estas necesidades:

- **La necesidad física:** podemos satisfacerla cumpliendo determinadas pautas tales como comer de forma saludable, practicar ejercicio o realizar controles médicos periódicamente.

- **La necesidad emocional:** el ser humano es un «ser social» y, como tal, debe establecer vínculos saludables con su entorno, recordando que puede compartir con otros pero sin dejar de ser él mismo. Aquellos que saben elegir y relacionarse con semejantes que agregan valor a su vida, alcanzan un bienestar emocional que les permite sentirse plenos y aptos para crecer y desarrollarse dentro del sistema cultural en el que están inmersos.

- **La necesidad intelectual:** ésta se satisface a medida que vamos creciendo y nos vamos nutriendo de sabiduría, desechando paradigmas erróneos, eligiendo mentores y expandiendo nuestra mente con creencias verdaderas.

- **La necesidad espiritual:** todos los seres humanos nacemos con un espíritu que requiere ser alimentado. Tal vez te preguntes: ¿cómo hacerlo? Esta necesidad se satisface sirviendo a Dios, descubriendo el propósito de nuestra vida y desarrollando una fe sólida que nos permita avanzar y sortear los obstáculos que puedan presentarse. Hemos nacido con un propósito único y especial, con un sueño que sólo nosotros mismos podemos cumplir.

Cuando una de las áreas de nuestras vidas no alcanza toda su capacidad de expresión nos sentimos con culpa, nos volvemos vulnerables a la queja, a las demandas y a la manipulación. Si le damos permiso a la culpa para que crezca y ocupe cada vez más espacio dentro de nuestras emociones, ésta se convertirá en la causante de una depresión que sabremos dónde comienza pero no dónde termina.

2. PECADO ORIGINAL

Desde el comienzo de la humanidad, a partir de la misma creación del primer hombre, Adán, la culpa y la victimización empezaron a formar parte del ser humano. La primera culpa nació en Adán por haberle hecho caso a Eva y haber comido del fruto prohibido. Entonces, por culpa, Adán comenzó a tapar su cuerpo: ya no podía mostrarse desnudo delante de su Creador. Por culpa de Eva, dice la historia, Adán cayó.

Ahora bien: ¿dónde quedó la capacidad de Adán para decidir comer o no esa manzana? ¿Fue Eva la victimaria y Adán la víctima?

Sin darse cuenta, el hombre comenzó a llenar ese Edén con culpables e inocentes, con víctimas y victimarios y se predispuso a

> «El hombre capaz de sonreír cuando las cosas van mal, ya ha pensado a quién le echará la culpa.»
>
> Ley de Jones

vivir y a asumir culpas ajenas, transformando una vida de libre albedrío en una vida culpógena llena de sacrificios, ritos y frustraciones innecesarios.

¿Qué sucede cuando una persona experimenta sentimientos de culpa?

Sufrirá privaciones. Dirá frases como:

- No tengo tiempo para mí.
- A mí sí me gusta lo que estoy haciendo, pero no vale la pena.
- No lo puedo lograr, mi familia nunca pudo alcanzar este sueño.

Desde el momento en que un obstáculo bloquea tu sueño y afirmas que no tienes capacidad para llevarlo a cabo, vives con culpa. La culpa es la emoción más obstaculizadora en el camino de los anhelos y objetivos. La culpa te hará sentir que no eres merecedor de esos beneficios, que tu deseo es mucho para ti, y, en medio de un mundo en el cual cada ser humano trata de obtener ventajas y de aprovechar al máximo cada oportunidad, te sumergirás en la culpa, dejando que otros tomen lo que es tuyo.

3. Autorreproche

El autorreproche es un sonido interno y continuo que te hablará y te pedirá explicaciones por cada palabra que pronuncies. Se trata de una voz difícil de acallar, de una voz que detiene tu avance y te aleja de tus objetivos, de una voz demandante y quejosa a la que nunca podrás conformar, hagas lo que hagas, a menos que afirmes tus determinaciones y convicciones. Es un eco constante. Se trata, en síntesis, de esa voz amenazante que cada mañana, al levantarte, deposita en tu mente el primer pensamiento negativo del día:

- ¿Cómo lo voy a hacer?
- ¿No es mucho para mí?
- ¿Por qué tomé esa decisión?
- ¿Para qué hablé?

Es una voz que intenta vivir en ti y a la que sólo tú autorizas la permanencia. Es una voz que constantemente replica en tu mente, te atormenta y obsesiona con un único pensamiento uniforme: *tú no puedes, nunca serás lo suficientemente bueno para alcanzar tu meta.*

4. PENSAMIENTOS RÍGIDOS

Quienes viven con culpa establecen dentro de sí pensamientos rígidos, normas inflexibles y principios imposibles de alcanzar cuyo objetivo final es boicotear el éxito, obligándose así a vivir en medio de un fracaso continuo.

Se trata de pensamientos que terminan haciéndote creer que el objetivo fundamental de tu vida es permanecer y subsistir como puedas, distrayéndote de esta forma de lo fundamental de la existencia: crecer, multiplicarte y cumplir tus sueños. Esta estructura de pensamiento se detendrá en los errores o fracasos por los que hayas atravesado sin recordar ningún obstáculo ni circunstancia difícil que hayas superado en el pasado.

Nos sucede a todos: sin darnos cuenta nos sometemos a mandatos, voces internas y externas que nos colocan en un lugar desde el cual la posición de víctima o de culpable es la que mejor nos queda. Los otros se transforman en responsables de nuestro destino y así dejamos de hacernos cargo de nuestros propios objetivos. De esta forma obtenemos el beneficio secundario de depositar en el otro toda la culpabilidad de nuestros desaciertos y desdichas y de hacer de nosotros pobres seres humanos errantes y carentes de valor y dominio propio para decidir sobre nuestro hoy y nuestro mañana. Nos aferramos a dichos y voces:

- Mis padres me repitieron durante años que por haberme tenido no pudieron estudiar.
- Mis padres me decían: «No dejes la comida en el plato, piensa que hay chicos en África que se mueren de hambre.»
- Siento culpa porque abusaron sexualmente de mí.
- Me siento culpable por la separación de mis padres.
- Siempre remarcaban mis errores y por eso me sentía culpable todo el tiempo.
- Tuve un padre ausente toda mi vida y debí hacerme cargo de mis hermanos, pero no supe cómo; yo tengo la culpa de sus situaciones actuales.

Todas éstas son maneras más o menos sutiles de transmitir las culpas que nos detuvieron en el camino hacia la búsqueda de la felicidad y del bienestar que nos merecemos. Son culpas ajenas generadoras de insatisfacciones continuas. Son culpas que se alimentan de mandatos externos y sociales y de emociones internas no resueltas que siguen teniendo poder y valor sobre nuestras vidas. Hay personas que han sido criadas en familias que las han hecho responsables de la separación de los padres, de la pérdida del trabajo de la madre que en un momento decidió quedarse en su hogar para cuidarlas o de las frustraciones profesionales de sus tutores. Y así podríamos seguir enunciando los mandatos que cada familia se encargó de transmitir a tantas personas.

Se trata de creencias culturales que jamás te permitieron alcanzar ni disfrutar en absoluto de nada. Son las exigencias que demandaban que dieras más, siempre un poco más, y claro, como no pudiste alcanzar ese parámetro de perfección, terminaste ubicándote en el lugar de la víctima, acarreando culpas que no te correspondían.

En este punto es necesario que nos detengamos. Lo que decidimos escuchar y aceptar como nuestro es lo que nos enferma y nos detiene.

Ten en cuenta que «con lo que aceptamos, anulamos, postergamos o generamos nuestro éxito».

¿Quién maneja el control remoto de tus emociones y pensamientos?, ¿quién decide qué pensar, qué sentir?

Sólo tú. Dependerá de ti, de tu decisión de ubicarte en un lugar de víctima o de poder sobre tu propia vida.

Las personas suelen decir:

- El día me pone de mal humor.
- Mi jefe me saca de quicio.
- Me has estropeado el día.
- Hoy me has saturado.

Si escuchas estas frases es porque has depositado el poder que tienes sobre tus propias emociones en los demás. Así es como los otros terminan controlando cómo te vas a sentir o qué es lo que vas a hacer.

Aceptando este trato, cualquiera podrá decirte qué hacer y qué no; los demás podrán utilizarte y lastimarte con permiso, sí, con el permiso que tú les diste al ceder el lugar de control y poder sobre tu vida.

No fuimos creados para vivir de limosnas, ni lisiados de

afectos. Nadie tiene derecho a castrar nuestros sueños más profundos ni a asegurar qué es lo que nos conviene o no. La felicidad y el éxito, la desdicha y el fracaso serán el resultado sólo de tus propias decisiones.

Todo lo que hayas dejado de lado para conformar a los demás puede ser recuperado si te lo propones y decides no postergar más tu deseo. Muchas veces no somos felices porque estamos ocupados tratando de agradar a los otros o encargándonos de responsabilidades equivocadas, que pertenecen a terceros. Consumimos todo nuestro tiempo erróneamente y cuando queremos saber adónde se fueron tantos años de nuestra vida, cuando necesitamos apuntar lo que hicimos en el transcurso de la misma, nos damos cuenta de que malgastamos el tiempo que necesitábamos para ocuparnos de lo prioritario e importante: nosotros mismos.

Desperdiciamos más horas tratando de conformar y gustar a los otros que en ocuparnos de nuestra propia vida.

Y en esa vorágine de ser aceptados nos olvidamos de que primero necesitamos respetarnos a nosotros mismos y aprobarnos para poder ser aceptados por el resto.

El cielo va a estar lleno de gente buena, pero ¿de cuántos hombres justos y exitosos que cumplieron con su propósito? ¿De cuántos hombres que a partir de sus logros supieron convertirse en mentores de otros?

Si te aferras a tu propósito lograrás hacer lo que nunca has hecho, y entonces todo fracaso o error será transformado en entendimiento y progreso.

5. Culpas ajenas, culpas propias, culpas al fin

Herencias recibidas, heredadas, culpas acumuladas: todos cargamos con cargas que hemos asumido sin cuestionar por no permitirnos planear nuestra propia ruta. Respetamos patrones de conducta recibidos sin darnos cuenta de que ponemos en peligro nuestra propia vida y nuestros objetivos. Le cedimos un lugar de autoridad a la culpa y le dimos una jerarquía que no merece, pero lo peor es que permitimos que se instalara en nosotros y así fue como comenzó a convivir y a formar parte de nosotros mismos.

Al tomar conciencia del hambre del mundo, de los que no tienen nada, muchas veces nos castigamos y nos sentimos mal por poder disfrutar de todo lo que está a nuestro alcance. Si bien poder ayudar al otro es un acto de amor, de misericordia y de compasión, lamento decirte que el hambre del mundo no se detendrá por tu autocastigo. Muchas mujeres no pueden disfrutar de un buen perfume ni de ropa elegante; no se permiten elegir lo mejor para ellas, sino que dicen: «*¿Cómo me lo voy a comprar yo si los chicos necesitan cosas?*» Y tal vez sus hijos tienen veinte pares de zapatillas, treinta camisetas y no requieren nada más, sólo ver a su mamá feliz. Sin embargo, esta mujer se llena de culpas y se niega un derecho que, gracias a Dios, puede darse: el de poder comprarse un perfume caro. Durante años hemos sentido culpa de disfrutar de lo material y de lo emocional; la culpa ha hecho estragos dentro de nosotros y nos ha delimitado, nos ha cercado. Durante años ha hecho que nos conformemos con migajas, con aquello que los demás estaban dispuestos a darnos.

Sentimos culpa por ser felices: «*¿Cómo puedo ser feliz yo, si mi madre, mi hermana y mi tía están separadas y solas?*» Y así es como boicoteas tu matrimonio.

«*¿Cómo puedo disfrutar de comprarme un par de zapatos nuevos si mi hermana no tiene trabajo?*» Pues bien, puedes comprarte los zapatos y también ayudar a tu hermana, siempre y cuando ella no esté abusando ni manipulando tus emociones.

«*¿Cómo voy a irme de vacaciones si mi familia nunca ha podido tomarse unos días?*» Lo cierto es que puedes irte de vacaciones y disfrutar porque has generado los recursos para hacerlo. ¡Prémiate!

Sin embargo, muchos eligen castigarse. Sin darnos cuenta, los mandatos internos y externos recibidos cristalizaron en nuestra mente y hoy no podemos disfrutar de lo que está a nuestro alcance.

Los latinos hemos heredado el concepto de servilismo: los conquistadores han sometido a los pueblos y les han transmitido que ellos habían nacido para servir a quienes habían decidido ser una casta social de mayor jerarquía y privilegios.

En México, cuando pides algo a alguien, responden: «¡Mande!»; sin embargo, en Estados Unidos dicen: «¿En qué puedo ayudarle?» La diferencia, como notarás, es muy clara.

Cuando se encuentran dos seres, el que es capaz de intimidar a su oponente queda reconocido como socialmente superior, de modo que la decisión social no siempre depende de un combate. En algunas circunstancias, el mero encuentro puede ser suficiente.*

La culpa nos lleva a olvidar lo que sentimos y necesitamos, nubla por grandes periodos de tiempo nuestros derechos, convirtiendo nuestras prioridades en necesidades secundarias, mientras le otorga a la opinión y a los pensamientos de los otros un lugar de urgencia y superioridad.

Y así es como, de un modo contundente, nos hemos ido haciendo cargo de todos y de cada uno de los mensajes que

* KATZ, STEVEN L., *El arte de domar leones*, Robin Book, p. 29.

han llegado a nuestros oídos, sin darnos cuenta de que no nos competía ninguna responsabilidad en las situaciones en cuestión.

Analicemos algunos de estos mensajes:

- **Primer mensaje: «Sigue participando»**

Muchas personas han recibido ese mensaje sutil que dice: «Lo que has hecho está bien, pero no es suficiente.» En este caso la idea es: «Las cosas no están mal, pero podrían estar mucho mejor.» Hagas lo que hagas, nunca será suficiente para conformar al otro, para colmar las expectativas de aquellas personas que te manipulan a través de la culpa.

> «Cuando la culpa es de todos, la culpa no es de nadie.»
>
> Concepción Arenal

- **Segundo mensaje: «Mi dolor es mayor que el tuyo»**

¿Te ha pasado alguna vez que necesitabas contarle a alguien una situación por la que estabas pasando y de repente te has encontrado consolando a tu interlocutor?

Este tipo de manifestaciones y de expresiones constituyen una clara evidencia de la manipulación que el otro está ejerciendo sobre ti. Al hacerlo te está diciendo: «Tu dolor no es tan grande como el mío.»

- **Tercer mensaje: «Eres responsable de lo que he hecho»**

En este caso resultamos ser nosotros los culpables de las quejas y de las angustias de los demás. Han sido nuestras palabras y nuestras acciones las que han determinado el malestar de las otras personas. ¡Falso! Ésto también es manipulación. Dependen de cada uno de nosotros las emociones que sintamos, el valor que le demos a la palabra de los otros y las reacciones que tengamos. Cada uno de nosotros es responsable por la actitud que asumirá frente a las circunstancias y a los hechos.

Desde pequeños se nos hizo creer una gran mentira: «Hay que satisfacer los gustos de los demás antes que los nuestros.» Entendimos que necesitábamos ser abnegados para poder ser aceptados y no nos dimos cuenta del significado de este acto. La abnegación no es una virtud, sino un acto contraproducente que ejercemos sobre nuestra propia vida. Postergarse y sacrificarse, dejarse *para lo último* es no reconocer nuestro propio propósito y vivir una vida que no nos pertenece.

> «El hombre es víctima de una soberana demencia que le hace sufrir siempre, con la esperanza de no sufrir más. Y así la vida se le escapa, sin gozar de lo ya adquirido.»
> Leonardo da Vinci

El escritor Bob Mandel cita: «Su derecho a ser usted es diferente de los demás derechos. No se trata de un derecho que le ha otorgado un gobierno, un país o una autoridad externa, sino que viene con el "paquete", es decir, usted. La vida es un viaje que empieza con usted y termina con usted, y en el medio hay un territorio desconocido esperando ser explorado.»*

Toma un lápiz y anímate a hacer este test. Descúbrete, conócete:

¿Hasta qué punto llega tu abnegación? («Responder verdadero o falso»)

---

* MANDEL, Bob, *Regreso a sí mismo. Autoestima interconectada*, Kier, p. 14.

- Si tus amigos tuvieran que describirte, ¿preferirías que dijeran que eres una persona atenta en lugar de una persona feliz?
- ¿Te sientes mejor cuidando de otros que permitiendo que te cuiden?
- ¿Te sorprende ver lo incompetentes que son las personas que te rodean?
- ¿Encuentras que no hacen caso de la mayoría de tus consejos?
- ¿A veces tienes que morderte la lengua en presencia de tus hijos, cónyuge u otros familiares?
- ¿Por lo general encuentras mucho más fácil hacer las cosas por ti mismo?
- ¿Haces muchísimo más por los demás que lo que ellos harían por ti?
- Si alguien te trata mal, ¿sueles continuar tratando a esa persona como siempre?
- ¿A veces tus familiares o amistades dan por descontado que cuentan contigo?
- ¿A veces aceptas actitudes de amigos o familiares que no aceptarías de un desconocido?
- ¿Sientes más alegría por las cosas buenas cuando hay un ser querido con quien compartirlas?
- ¿A veces desearías pasar de todo, tomarte un descanso y no tener que preocuparte por los demás?
- ¿En ocasiones has contestado a lo que dicen en televisión con comentarios sarcásticos, corrigiendo el vocabulario o la gramática?
- ¿Cumples las promesas que haces aun cuando eso signifique sacrificar tus necesidades?
- ¿Detestarías que se te recordara como una persona egoísta?

Suma los verdaderos. Si has obtenido de 1 a 2 «verdaderos», la palabra culpa no se encuentra dentro de tu vocabulario.

Si el resultado es de 3 a 4 «verdaderos», podemos decir que eres una persona equilibrada y responsable de ti misma, sabes satisfacer tus necesidades profundas y no eres esclava de los caprichos. Posees capacidad para disfrutar y encontrar el placer en muchas cosas.

Si han obtenido de 5 a 7 «verdaderos», eres una persona abnegada *grado 1*, un ser que posterga sus necesidades para más adelante, para cuando sea el mejor momento. Tu lema es: «No puedo ahora, más adelante sí», pero ese momento nunca llega.

Si han obtenido de 8 a 13 «verdaderos», tu abnegación llega a ser de *grado 2*; eres una persona que ignora sus necesidades, hasta aun las más básicas, como comer, dormir, recibir afecto, estudios, etc. Obtienes más gratificación al cuidar a los demás que de ti mismo, más placer de hacer feliz a los otros que de serlo tú mismo. Todos te describen como «una buena persona»; servir es lo máximo en tu vida. Si te pasan cosas buenas las compartes con otros, amas a todo el mundo, cuidas e inviertes en todos, excepto en ti mismo. Este tipo de personas suelen copiar su estilo del modelo fracasado de algún familiar.

La persona con más de 13 «verdaderos» no reconoce que posee necesidades; a esta altura se ha convertido en una máquina de trabajar, dejando de sentir, de pensar y de decidir lo mejor para sí misma. En este punto, su vida ya no tiene sentido, carece de sueños y de expectativas; en su interior sólo queda espacio para broncas y frustraciones extremas.

Sólo a ti te compete marcar la diferencia. Habrá un momento determinado en la vida en el que necesitarás darte cuenta de que si tú mismo no satisfaces tus propias necesidades, nadie lo hará. Lo que deseas que te suceda, dibújalo en tu mente y comienza a diseñarlo, detalla las metas y los pasos que necesitas dar y luego prosigue hasta el final.

Michael Jordan dijo: «Visualicé adónde quería ir, qué tipo de jugador quería ser; sabía con exactitud adónde llegar, qué quería obtener, me concentré en conseguirlo y lo logré.»

Si algo sucede en tu vida será por ti.

6. LIBRE DE CULPA Y CARGO

Todos los seres humanos tenemos derecho a ser felices y a vivir sin culpas. Todos tenemos cosas buenas y otras que no lo son tanto; sin embargo, necesitamos conectarnos con lo bueno, con lo mejor que tenemos, y seguir adelante.

> «El objeto ha tomado forma en mi mente antes de empezar a pintar.»
> Vincent van Gogh

Sin darnos cuenta nos hemos llenado de culpas, de circunstancias difíciles que debimos pasar y que decidimos cargar sobre nuestros hombros, de mensajes que hemos aceptado e incorporado sin cuestionar y que asumimos como propios.

Obsesionarte con la culpa sólo traerá dolor y heridas a tu alma y a tu cuerpo. Tú eres tu propio tóxico. Ya es tiempo de aprender a ser libre de todos los paradigmas falsos que hasta hoy te dirigían y de disfrutar sin culpa. El cordón umbilical se ha roto y ahora te toca decidir a ti. Simplemente sé tú mismo, limpia el polvo de tus zapatos y sigue adelante. Vacíate de culpas propias y ajenas y comienza a vivir con convicción.

La convicción te permitirá rever, modificar, cambiar lo que sea necesario cambiar y seguir adelante.

- **Si te has equivocado, pide perdón.** Saber disculparse es un acto de grandeza, implica reconocer nuestros errores y cambiar la actitud. Si está a tu alcance, repara tu equivocación y a tu grandeza se le sumará paz.

> «La culpa no está en el sentimiento, sino que se halla en el consentimiento.»
>
> **San Bernardo de Claraval**

- **Mereces ser feliz.** Proponte disfrutar de todo lo que tienes, sabiendo que eres merecedor de todas las cosas buenas de la vida. Deshazte de las culpas falsas. Sólo eres responsable de tus decisiones, no de las ajenas.

- **No quieras cambiar a nadie: sólo cambia quien decide cambiar.** La mejor manera de que el otro cambie es no intentar cambiarlo.

Cada vez que tomes una decisión, pregúntate si te ayudará a ser la mejor versión de ti mismo.

Cada vez que elijas quién te va a acompañar en un proyecto, piensa si esa persona sumará valor y te permitirá ser la mejor versión de ti mismo.

> «Somos víctimas de nuestras elecciones.»
>
> **Anónimo**

Cuando leas, investigues, aprendas y crezcas serás tu mejor versión lograda en el plano intelectual.

Cuando proyectes con toda tu fuerza tus sueños y pongas en marcha tus objetivos, conocerás tu propia esencia, tu valor y el dominio propio, ese que está dentro tuyo. Entonces, tu verdadero *yo* emergerá y sabrá reconocerse a sí mismo. Vivir, gozar y disfrutar son derechos que tenemos todos los seres humanos, no privilegios. Nos corresponden por ley.

2

EL ENVIDIOSO

Una serpiente estaba persiguiendo a una luciérnaga. Cuando estaba a punto de comérsela, ésta le dijo: «¿Puedo hacerte una pregunta?» La serpiente respondió: «En realidad nunca contesto preguntas de mis víctimas, pero por ser tú te lo voy a permitir.» Entonces, la luciérnaga preguntó: «¿Yo te he hecho algo?» «No», respondió la serpiente. «¿Pertenezco a tu cadena alimenticia?», preguntó la luciérnaga. «No», volvió a responder la serpiente. «Entonces, ¿por qué me quieres comer?», inquirió el insecto. «Porque no soporto verte brillar», respondió la serpiente.

1. LO TUYO... ¿MEJOR QUE LO MÍO? ¿QUIÉN LO HA DICHO?

Envidiar es una emoción que no sólo implica anhelar lo que la otra persona tiene, querer estar pasando por la misma circunstancia que el otro; el acto de envidiar implica mucho más: te coloca en un plano de continua insatisfacción y de queja permanente. La envidia nace de la sensación o de la creencia de que nunca tendrás lo que el otro posee.

Sin embargo, esto puede modificarse: si lo que te despierta envidia son los kilos que perdió tu compañera de oficina y tú estuvieras segura y convencida de que también podrías bajarlos si te lo propusieras, ¿tendrías envidia de ella? Si tu amigo consiguió un ascenso en el trabajo y tú supieras que haciendo tal o cual entrenamiento también llegarías a ese mismo nivel, ¿sentirías envidia de él? Como puedes ver, se trata de emociones evitables que terminan lastimándonos y desenfocándonos de nuestros propios objetivos.

Son emociones que lentamente nos destruyen, sin darnos cuenta de *que la procesión va por dentro*, como dice un viejo refrán. Enfado, dolor, ira y tristeza son sentimientos con los que nos encontramos al pensar que no hemos alcanzado lo que otros sí tienen.

Podemos envidiar un buen coche, un cuerpo espectacular, una casa maravillosa, una salud de hierro, un cargo jerárquico, un buen esposo, una mujer inteligente, el carisma de un amigo... La envidia puede originarse en aquello que pensamos que no tenemos y necesitamos obtener para ser felices y en una autoestima pobre y lastimada que nos hace sentir que si tuviéramos lo que el otro ha logrado, entonces sí seríamos felices.

> «Envidia es la tristeza por el bien ajeno y pesar por la felicidad de otro.»
>
> **Meritxell Hernández**

Envidiar es desear lo que el otro tiene.

La excelencia y el triunfo siempre traen envidia. Nadie envidia a un miserable o a un mendigo. Se envidian los logros, el reconocimiento, la casa, el dinero, la familia, la pareja, los amigos...

Había un rey que quería saber qué era peor, si ser tacaño o ser envidioso; entonces tomó a dos personas y les dijo: «A uno le daré todo lo que me pida pero al otro le daré el doble.» Entonces el envidioso dijo: «A ver si lo he entendido bien, rey, ¿todo lo que te pida me lo darás pero al otro le darás el doble?» «Sí», dijo el rey. Entonces le dijo el envidioso al avaro: «Pida usted primero.» «Faltaría más —dijo el avaro—, primero los caballeros.» Que sí, que no; entonces el envidioso dijo: «De acuerdo, yo pido primero; que me saquen un ojo.»

La envidia es un sentimiento destructivo de alguien que pretende quitarte lo que has logrado. Si eres un hombre de éxito, siempre te perseguirán.

Presta atención a este cuento:

Había un hombre vendiendo cangrejos en la playa. Tenía dos cubos llenos de animales vivos: uno estaba cubierto con una malla y el otro, tapado. Una mujer le preguntó: «¿Por qué ha tapado un cubo y el otro no?» Entonces el vendedor respondió: «Porque vendo dos tipos de cangrejos: japoneses y argentinos. El cangrejo japonés siempre trata de salir del cubo; cuando no lo consigue, los demás hacen una cadena, se apoyan unos a otros y así todos logran salir, por eso he tenido que ponerle una tapa. Los cangrejos argentinos también tratan de escaparse, pero cuando uno intenta saltar, los de más abajo lo agarran y así ninguno escapa.»

La envidia es una profunda rabia producida por el logro de otros.

La envidia es un deseo de venganza; tu brillo opaca al envidioso.

La envidia acorta la visibilidad y ejerce la misma función que la neblina: no permite ver más allá de lo que sólo está al alcance de los ojos. La persona que envidia pasa el tiempo opinando y juzgando todo lo que el otro tiene, en lugar de orientarse a alcanzar sus propios sueños, por lo cual termina convirtiéndose en verdugo en vez de ser protagonista de su propia vida.

La envidia es un deseo de destrucción, es odio. Las muertes, las violaciones, las estafas, los engaños, los maltratos nacen por la envidia, por ambicionar lo que el otro tiene.

La envidia tratará de destruirte a través de la persecución abierta o de la descalificación, de la calumnia. Su objetivo será siempre el mismo: perseguirte. Cuando te digan: «Lo que yo te digo no es para criticarte», «Te lo digo, pero no para destruirte», es porque te quieren eliminar. La afirmación de alguien en una conversación denota lo que esa persona tiene en su mente (de lo contrario no necesitaría aclararlo).

El envidioso dirá: «¡Ojo! No lo digo para que te vaya mal...», pero tú y yo sabemos que en el fondo su intención es que no logres tus objetivos.

La envidia nos desenfoca y conduce nuestra energía hacia el flanco equivocado, hacia «el otro», en lugar de buscar dentro de nosotros mismos las mejores oportunidades. Es un sentimiento tan completo y cegador que no te permite ver lo que está delante ni aquello que sólo a ti te pertenece.

> «La envidia va tan flaca y amarilla porque muerde y no come.»
> Francisco de Quevedo

Justo cuando tu estima y tu *yo* estén seguros de sus capacidades y habilidades, cuando hayas determinado que nada te moverá del objetivo a seguir, nadie más te despertará envidia.

2. YO ME PREGUNTO: ¿LA ENVIDIA TIENE SEXO?

Algunos podrán decir que la envidia es un sentimiento propio de las mujeres, el producto de largas horas telefónicas opinando acerca de qué es lo que se puso la otra, con qué hombre salió, qué habrá hecho para conseguirlo, la cirugía que se hizo y no quiere contar, etc. ¡Las compañías telefónicas, agradecidas! Pero esta creencia de que la envidia es exclusivamente femenina es falsa. Tal vez las mujeres son más expresivas, o quizá se animan a verbalizar lo que piensan de las otras mujeres con más libertad. Pero la envidia, debo decirte, no tiene sexo.

Muchos hombres también la padecen, quizás en voz baja o en susurro. Muchos llegan a sus casas y le comentan de mal humor a su mujer el puesto que consiguió su compañero en el trabajo, o el todoterreno que se compró el vecino.

En fin, envidia y nada más que envidia. Ahora bien, analicemos qué temperatura tienen nuestras emociones.

Toma un lápiz y responde sinceramente «sí» o «no» a cada pregunta del siguiente test. Si la suma de los «síes» da como resultado más de cuatro, tengo que decirte que...

Primero anímate a hacerlo y después seguimos hablando.

- Si un amigo cercano tiene éxito profesional, ¿te sientes mal?
- Cuando alguien cercano a tu entorno de trabajo o vida privada actúa de forma acertada e incluso loable, ¿te cuesta felicitarlo?
- ¿Te sientes mal cuando alguien importante habla maravillas de alguien que conoces?
- ¿Te sientes mal cuando en el trabajo alguien le dedica más tiempo a uno de tus compañeros que a ti?
- ¿Sientes que no recibes el mismo afecto que muchos de tus amigos?
- En las reuniones sociales, ¿te gusta destacar y ser el centro de atención?
- ¿Criticas a gente famosa o a personas que no conoces?
- ¿Te alegra que alguien que ha triunfado esté pasando ahora un mal momento?
- ¿Te sientes mal si te tratan de la misma manera que a otra gente?
- ¿Alguna vez has pensado que tus amigos no saben lo que vales?

Si el resultado es más de 4 «síes», tienes envidia. Envidia sana o enfermiza, podrás tratar de buscarle una justificación; pero sea cual fuere el caso, es necesario que mires hacia tu propia vida y observes: ¿qué es lo que ha hecho el otro para llegar a determinado lugar que yo no he hecho? Esta reflexión no tiene como fin cargarte de

«El silencio del envidioso está lleno de ruidos.»
Gibran Jalil

culpas y reproches, sino ponerte ante un nuevo planteamiento acerca de la forma y las estrategias que debes accionar para llegar a tus objetivos. Lo que otras personas tienen no es fruto de la casualidad o la suerte, sino de la acción, decisión y ejecución de lo dispuesto.

La envidia no vive sola, sino que convive con la crítica, la murmuración, el chisme, la dependencia, la desgana, todas actitudes que consumen nuestras fuerzas, convirtiéndonos en excelentes «opinólogos» pero en pobres constructores de nuestra propia vida.

Desperdiciamos tanto tiempo en los otros que cuando tenemos que ocuparnos de nosotros mismos ya estamos desganados, y entonces decimos: «Se me ha pasado el tiempo, ya lo haré mañana», pero mañana tendrá el mismo resultado si no rompes el circuito de la crítica y el enjuiciamiento.

3. ENVIDIA: ¿SANA O ENFERMIZA?

La envidia nos transforma en seres intolerantes respecto del éxito de los demás. Se sufre por tener menos dinero, menos felicidad que el otro. El objetivo es siempre tener «mayor cantidad» que la que el otro tiene, aun a costa del dolor y la infelicidad. Quien vive bajo estos conceptos sólo podrá ocupar el lugar de víctima, malgastando tiempo, en vez de vivir bien y permitir que el otro viva como mejor le parezca.

> «La envidia es de una esencia tan etérea que no es más que la sombra de una sombra.»
>
> William Shakespeare

Cuando se les pregunta a las personas si son envidiosas, suelen responder que sí, que algo de envidia padecen, pero que en realidad lo que sienten es una envidia sana y no enfermiza.

Muchos describen la envidia sana como aquella emoción que reconoce que el otro tiene algo que ellos mismos desean y que aún no han obtenido, pero que harán todo lo posible por conseguir. En este acto se reconoce que alguien ha hecho un esfuerzo adicional que a otro le falta realizar para llegar al mismo lugar. Esa envidia no acarrea ni dolor ni frustración.

Sin embargo, muchas otras personas se enfrentan a diario a una envidia enfermiza, que sólo genera una continua desazón, infelicidad, frustración y dolor por no poder tener lo que el otro tiene o ha logrado, de forma que las inhabilita para ocuparse de lo que realmente merece su atención: ellas mismas y sus acciones.

Envidias sanas o enfermizas, envidias ocultas o expuestas, envidias controladas o descontroladas, son envidias al fin; envidias que afectan nuestra estima y emociones y, en consecuencia, nuestros resultados.

La envidia no tiene ni sexo ni religión, ni clase social ni raza, es una emoción que afecta a cualquier individuo que no esté enfocado en su propia vida ni en sus metas. No es mayor ni menor, ni sana o enfermiza, ni buena ni mala.

Como cita el filósofo español Miguel de Unamuno: «La envidia es mil veces más terrible que el hambre, porque es hambre espiritual.» Napoleón Bonaparte afirmó: «La envidia es una declaración de inferioridad.»

El mundo está plagado de vidas obsesionadas en vidas ajenas, en logros de terceros; son vidas que no pueden ver lo que ellas mismas tienen por delante. Son vidas que se niegan a darle valor a aquellos logros y éxitos que han alcanzado. Se trata de personas que están cegadas ante el valor de sus propias vidas, vidas que poseen sin ser poseídas, sin ser disfrutadas ni explotadas al máximo nivel de goce y de resultados.

Se trata de vidas que desean encarnarse en otras vidas. Sin

embargo, ¿serán capaces de tolerar y atravesar todo aquello que esas otras vidas han sobrellevado para llegar al éxito? ¿Podrán emular los esfuerzos, las pasiones, los trabajos, los esfuerzos adicionales, la energía enfocada, el tiempo, la dedicación, el estudio, la preparación, las metas y las estrategias diseñadas con esmero por quienes son envidiados?

Un viejo dicho popular dice: «Si miras mi éxito, mira también mi sacrificio.» Sin ser tan dramáticos pero sí realistas, es necesario reconocer que muchas de las personas que hoy están en un lugar de privilegio han sido constantes, han decidido pagar el precio de trabajar, esforzarse y mejorarse siempre un poco más. Han dedicado tiempo a escuchar a sus mentores, a superarse, a sanar cada emoción que lastimaba su estima y que las detenía en el camino a su sueño. Se trata de personas que no se han detenido hasta cosechar la recompensa que les corresponde por su siembra.

> «Nuestra envidia dura siempre más que la dicha de aquellos que envidiamos.»
>
> **François de la Rochefoucauld**

Son personas que han sabido sembrar y luego cosechar, que han sabido hablar y pedir lo que necesitaban, golpear y derribar cada puerta cerrada sin detenerse, personas que conocían el principio que dice:

Si golpeas, se abrirá;
si pides, se te dará;
y si buscas, encontrarás.

Tu búsqueda personal es la que le dará el sentido a tu vida; tus metas y tus objetivos serán los que te liguen a tu destino; tus sueños y tu propósito enfocarán tu energía y tu accionar.

Soñar, proyectarse y ser cada día un poco mejores son los ingredientes de una autoestima sana, de alguien que sabe que las limitaciones sólo están en la mente, que nadie le ha robado a nadie nada de lo que le pertenece, que la felicidad depende de lo que ella misma es capaz de poseer, que su valía no está en función ni de la aprobación ni de la mirada ajena, que su recompensa está esperando ser recogida y que el éxito que le aguarda tiene su nombre.

Una autoestima sana significa no buscar reconocimiento ni fama ni moverse por conveniencias, sino estar enfocados hacia una aprobación y satisfacción personal; si el resto llega, bienvenido sea, pero estaremos libres de la adulación y de aquellos que la ejercen.

«Aceptando que gustamos a quienes gustamos cuando somos como somos, no querremos agradar a más gente cambiando nuestro carácter, porque entonces ni seremos ni gustaremos.»*

Nadie tiene derecho a compararte. No mires a nadie ni te distraigas, crece todo lo que puedas.

No compitas con nadie, no tienes que demostrarle nada a nadie. No tienes que llegar a donde el otro llegó, sólo superar tus propios logros y tus límites.

> «Una demostración de envidia es un insulto a uno mismo.»
>
> **Yevgeny Yevtushenko**

Tampoco tienes obligación de ganar el sueldo que percibe otro, sino de mejorar tus ingresos actuales. No estás obligado a tener el cuerpo de los modelos de turno para ser aceptado, sólo trabaja para poder gozar de una buena salud física y mental.

¡Sé la mejor versión de ti mismo!

* HERNÁNDEZ, Meritxell, *Envidia bien y no mires a quién*, Obelisco, p. 138.

4. NO ENVIDIES, ADMIRA

¿Qué sientes cuando otro te dice: «Me han aumentado el triple el sueldo», «Estoy saliendo con un modelo que tiene casa, dinero y me trata bien»?

¿Te molesta que hablen bien de otro? ¿Qué sientes cuando otro se ha comprado un coche y a ti aún no te han concedido el crédito que necesitas para comprártelo?

¿Envidia, tal vez?

Salomón, uno de los hombres más sabios de la humanidad, dijo: «La envidia corroe los huesos.»

Hay gente que se enferma, que sufre de artrosis, reumatismo y otras dolencias, debido a la envidia. Aunque te parezca mentira, el origen de todas estas enfermedades muchas veces se encuentra en la envidia. La envidia siempre enferma, y no sólo enferma el cuerpo físico sino que también amarga el espíritu.

El que te descalifica siempre tratará de buscar aliados: hablará con otros para envenenarlos, porque el envidioso no quiere que triunfes. Aprende a escuchar lo que la gente dice.

Tanto el que te envenena como el que te descalifica tratará por todos los medios de que no alcances tus sueños, y se encargará de boicotear cada uno de tus proyectos. Su lema es: «Si yo no puedo, él tampoco.»

La envidia es un sentimiento destructivo. Cuando tú eres el objeto de la misma, quien la siente es víctima de un deseo enfermizo de hacerte perder lo

> «La envidia y aun su apariencia es una pasión que implica inferioridad dondequiera que se encuentre.»
>
> Plinio el Joven

que has logrado. Si eres un hombre de éxito, siempre serás perseguido.

Sé inteligente, permanece alerta: cuando alguien prospera, mejora, avanza, siempre habrá alguien que estará mirando y envidiando su posición.

Si el que envidia eres tú, si criticas, cuentas chismes o sientes celos, esto será evidencia de que aún no has recibido aquello que buscabas porque no estás habilitado ni capacitado para hacerlo.

Necesitamos aprender a celebrar los éxitos ajenos. Si puedes hacerlo, significa que estás en condiciones de vivir bendiciones aún mayores, que están por llegar a tu vida.

> «El número de los que nos envidian confirma nuestras capacidades.»
> Oscar Wilde

Cada logro de otra persona puede ser un desafío para ti. El éxito del otro no debe ser motivo de envidia, sino fuente de inspiración. Aprendamos a darle un giro de 180 grados a este sentimiento que sólo nos destruye y nos enferma.

El éxito del otro debe inspirarte, llevarte a que analices cómo lo hizo, cómo lo alcanzó. La gente envidiosa sólo mira el automóvil del otro, quiere el sueldo que el otro percibe, pero no se detiene a pensar qué es lo que el otro ha hecho para alcanzar todo esto; sólo ve el final, pero no tiene la capacidad de mirar el proceso.

Para poder alcanzar lo que el otro tiene, también tienes que aprender a atravesar el proceso, a tener voluntad y coraje, fuerza, energía y temple para recorrer el camino.

Tal vez, mientras unos estaban viendo televisión, otros estaban preparando un posgrado.

Si hoy ves que tu compañero de oficina ha recibido un gran ascenso, antes que nada reflexiona. Piensa en las horas que ambos estáis en la oficina: ¿cuántas horas trabaja él eficazmente mientras tú tomas café?

Quizá, mientras unos pasaban largas horas en pubs o bares, olvidando que una familia los esperaba en su casa, ellos, los que hoy son envidiados, iban al cine con sus hijos y su familia.

Por eso, si hoy, delante de ti, hay alguien con una familia mejor que la tuya o con un gran logro profesional, su éxito no debe humillarte, sino que debe ser el puente para que te inspires y analices cómo llegó a su meta.

Puedes admirar en lugar de envidiar. La palabra *envidia* proviene del latín y quiere decir «yo veo». La palabra *admiración* también proviene del latín y significa «yo miro a». Envidiar quiere decir «mirar mal»; admirar implica «mirar a». Ambas tienen que ver con mirar; la diferencia es que la envidia trae aparejado enojo y la admiración, motivación.

¿Cuál es la diferencia? Envidiar es decir «te miro para destruirte»; admirar, «te miro para aprender cómo lo has logrado».

Ante una crítica, debemos observar si el que critica ha logrado más que su víctima (seguramente no, y por eso critica).

El que te descalifica y calumnia, probablemente no puede tener el mismo brillo que tú, por eso lo hace.

Es importante que entiendas que el exitoso está cerca de ti para motivarte, para que puedas alcanzar lo que él ha logrado. Si él ha podido, tú también podrás.

El éxito del otro debe servir para que movilices tus estructuras, sacudas tu conformismo y te sientas estimulado a ir por más.

Muchas veces envidiamos lo rápido que el otro ha avanzado mientras nosotros permanecemos en el mismo lugar. A veces nos parece que adelantamos dos pasos y retrocedemos tres, y entonces nos preguntamos y nos cuestionamos y terminamos enfermando. Lo que sucede es que, en muchas oportunidades, si lo recibiésemos todo a la vez no sabríamos qué hacer con ello. Éste es el motivo por el que mientras vas creciendo y aprendiendo, vas recibiendo. Las grandes bendiciones, los grandes éxitos, suelen llegar poco a poco, para que tus enemigos no te destruyan a causa de la envidia.

Tal vez haya proyectos que se estén demorando, pero cuando los recibas será porque no habrá enemigo, ni envidia, ni celos cerca que puedan destruirte y enfermarte.

> «Te lo daré poco a poco para que las fieras del campo no te devoren.»
>
> **La Biblia**

Todas las decisiones que tomamos se basan en lo que sentimos, y todo lo que sentimos se basa en lo que pensamos.

Si cambio mi manera de pensar, cambio mi manera de sentir, y si cambio mi manera de sentir, entonces también cambio mi manera de decidir y, por ende, de recibir.

- Un exitoso no se mide por la cantidad de gritos que da, ni por el lenguaje que utiliza, sino por su manera de pensar.
- Un exitoso se distingue por sus pensamientos.
- Un exitoso nunca envidia, porque tiene puesta su mente en su propósito y en sus sueños.

Si tus pensamientos y tu mente son limitados y angostos, cuando llegues a la meta, por cierto, te enorgullecerás. Pero si tu mente y tus objetivos son ilimitados, nunca vas a sentirte omnipotente, porque siempre habrá más por conquistar, siempre habrá más para soñar.

Hoy, ocúpate de ti:

- Valora el hecho de que te tienes a ti mismo.
- No esperes nada de nadie.
- Rompe tus límites.
- Pelea sólo por cosas que valgan la pena.
- Tómate tiempo para descansar.
- Busca consejos de gente sabia.
- Demuestra el amor y la ternura a los seres que amas.

No importa cuánto dolor hayas sufrido, ni cuánta gente se haya alejado de ti, ni cuántas traiciones hayas padecido: a la larga entrarás en la tierra de tu bendición y verás cumplido cada uno de tus sueños. Y recuerda: si cuando consigues tu propósito sabes ser una bendición para otros, un nuevo nivel de prosperidad, de éxitos, de riquezas, de salud y de dicha te estarán esperando. Al que sabe dar, aún más se la dará. Sé un motivador nato y no pierdas de vista tu propósito.

> «Los éxitos grandes los recibiré poco a poco para que la envidia de los que me conocen no me lastime.»
>
> La Biblia

Prepárate: no hay envidia ni celos que puedan detenerte, destruirte ni limitarte. ¡Las cosas grandes están llegando!

3

EL DESCALIFICADOR

> ¡Excelente trabajo! Lástima que lo has entregado tarde.
>
> Un jefe a su empleado

1. Equipaje prestado

Muchas personas desperdician a diario minutos y horas de su tiempo tratando de descalificar a todos aquellos que se encuentran a su alrededor. Parecen disfrutar al menospreciar y rebajar a los demás, sea cual fuere la tarea que están realizando o el vínculo que tengan con las víctimas.

Si alguna vez padeciste este tipo de ataque verbal, es posible que te hayas cuestionado el origen de estas agresiones, que te hayas preguntado cuáles fueron las causas que las motivaron y, seguramente, no hayas encontrado la respuesta.

Podemos proponer diferentes teorías, sin llegar a ninguna conclusión. Pero de todas maneras, podemos darnos cuenta de que el descalificador tiene como objetivo controlar nuestra autoestima, hacernos sentir «nada» ante los demás, para que de esta forma él pueda brillar y ser el centro del universo.

Si haces algo, el descalificador te criticará, y si no actúas, te juzgará por no hacerlo. Su especialidad son los dobles mensajes y los mensajes ambivalentes. Los descalificadores te endiosan hoy y mañana te bajan del pedestal en un instante. Juegan juegos crueles que pretenden desestabilizar tus emociones y robarte los sueños.

Su idea es que vivas desconfiando, te sientas inseguro y dependas de sus palabras y opiniones.

Invalidar, descalificar, manipular son los objetivos, las metas del descalificador. Procura tener control y poder sobre tus emociones, tu alma y tu razón para luego destruir tu estima y que entonces pases a depender absolutamente de él. ¡Es un digno representante de la gente tóxica!

Sin embargo, no todas son malas noticias. Podemos recuperar el control de nuestras emociones, de nuestra estima y ser libre de cada uno de los descalificadores. ¡Podemos desintoxicarnos!

Aprendamos a reconocerlos y a actuar de la forma más productiva y eficaz para que nadie salga herido ni perjudicado.

2. CÓMO RECONOCER A UN DESCALIFICADOR Y EVITAR SALIR LASTIMADO

Conocer e identificar el *modus operandi* del descalificador nos permitirá neutralizar sus ataques, defendernos y resguardarnos inteligentemente, y así coartar y limitar su avance y sus intenciones.

Comencemos por visualizar las tácticas y las estrategias del descalificador:

- Se esconde detrás de máscaras: juega el papel del amigo, del compañero y, por qué no, hasta de un hermano.

- Finge estar interesado en lo que haces, pero en su mente trama cómo obtener provecho de aquello en lo que estás trabajando.
- Es irónico y sarcástico: mediante indirectas e insinuaciones te hará creer que lo que estás haciendo no está del todo bien, influyendo de esta manera negativamente en la motivación y la energía que vuelcas en tu proyecto.
- Vivirá usando una lupa para ver con detalle tus defectos, para luego utilizarlos a su favor y poder así desvalorizarte en el momento indicado, convirtiéndote en su presa y en su víctima.
- Tratará por todos los medios de reducir tu estima y tu valor a cero para que su figura y su poder aumenten. Sólo si tú mermas, él podrá hacerse grande.
- Estará atento a escuchar los reclamos y las quejas que tú hagas sobre ti mismo, para que en el momento adecuado y certero pueda sacarlos a luz y así menoscabar tu estima y tu poder.
- Agigantará tus errores y tus fracasos y reducirá al máximo el valor de tus logros y de tus éxitos.
- En determinados momentos intentará ser un ángel, un ángel enmascarado y agazapado, que en el momento preciso será capaz de dar la estocada final. Si por alguna circunstancia debes enfrentarte o competir con él, por ejemplo, en un proyecto laboral, a este «ángel» no le importará haberte dicho ser «tu hermano» en algún momento, sino que avanzará con toda la artillería lista para desvalorizar tus logros y hacerte quedar como una pobre persona que no consigue nada de lo que se propone en la vida.
- Vivirá escondido detrás de una máscara para jugar así mejor su juego, ocultando su mal humor, su irritabi-

lidad y la falta de dominio propio al no poder presentarse y relacionarse tal cual es. Su propia vulnerabilidad le aterroriza.

- Su objetivo es tener poder y control sobre todo cuanto sucede y sobre todos aquellos que estén a su alcance.
- Sólo él tiene razón y conoce a la perfección todos los temas y asuntos que pueden tratarse.

¿Conoces a alguien así?

Seguramente en cientos de oportunidades has tenido que convivir con muchos de ellos, y hoy, mientras lees, te viene a la mente el retrato de aquel que te acosó y trató de amargarte y hacerte difícil la convivencia. Ellos sienten que, cuanto mayor control tienen, mayor es su satisfacción, (aunque ese control sea efímero).

Aunque te parezca difícil de creer, todos, alguna vez, hemos sido víctimas de un descalificador; incluso los mismos que ahora descalifican han sufrido en su momento permanentes agresiones que lastimaron su estima y sus ganas de crecer. Todos hemos recibido respuestas y contestaciones letales que nos han dejado atónitos o sin palabras; sin embargo, es importante resaltar que todos tenemos la oportunidad de cambiar, de pedir disculpas si hemos descalificado y de revertir las actitudes y las acciones que desplegamos a diario si éstas son nocivas para nosotros o para otros.

3. PODER Y CONTROL

La mentalidad del descalificador es avasallante y precisa. Sabe con exactitud cuál es el dardo que saldrá de su boca, ya que su fin es destruir tu autoestima.

Es detallista: observará a la perfección cada una de tus acciones para poder así determinar en qué momento disparar los perdigones. Sus movimientos son tan insidiosos que la víctima no se da cuenta del lugar que le está otorgando a esta persona y de lo destructiva que su manipulación puede llegar a ser.

El descalificador se encargará de hacerte cumplir sus exigencias o, de lo contrario, te hará la vida imposible. Sea como fuere, querrá conseguir que pienses, sientas y actúes sólo como él lo desea.

Otro rasgo llamativo de este tipo de personas es que se consideran perfectas; el descalificador jamás podrá admitir un error, y por supuesto no sentirá culpa por nada; por otro lado, nada de lo que sucede merece su atención, con excepción de aquello relacionado con lo que él quiere alcanzar. A medida que su víctima le deja espacio, va ganando territorio. Al cabo de los meses y de los años, su humor será más irritable y sus contestaciones más hirientes, hasta verse convertido en un ser sumamente difícil para la convivencia.

Control, poder y más control y poder es lo que anhelan estas personas: control sobre tus emociones y tus actos. Su agresividad irá en aumento en la medida en que tome conciencia de que quienes están a su alrededor, en cuanto puedan, lo alejarán de sus vidas.

Claro que en un momento determinado esa agresión se volverá contra ellos, convirtiéndose en una depresión llena de culpas que desembocará luego en una enfermedad psicosomática.

4. DESCALIFICACIÓN: ENFERMEDAD CONTAGIOSA

Tal vez te preguntes si es posible que puedas contagiarte de ese poder destructivo tan aborrecible. La respuesta es «sí». Veamos cómo.

En primer lugar, la persona descalificadora se tomará tiempo para conocerte; poco a poco, encontrará la forma de satisfacer tus necesidades, de ofrecerte paz y cooperar contigo, para que, una vez que le hayas dado toda tu confianza, sean sus palabras y sus decisiones las que tengan poder y peso sobre tu vida.

En esta instancia, dudarás de tus capacidades, y te preguntarás: «¿No será que él tiene razón?, yo no puedo con todo esto.» Y hasta llegarás a dar gracias de que esa persona esté a tu lado, aunque esté convirtiendo, sin que tú te des cuenta, tu servicio o trabajo en servilismo.

Desde ese lugar de autoridad y poder, toda palabra que salga de su boca será aceptada por ti, y como no sabrás cómo manejar la frustración y la desvalorización continuas que recibes, reprimirás todo el enojo que produzca. Como no serás capaz de enfrentarte a la situación, inconscientemente te equivocarás más a menudo, quedando expuesto a la palabra «autorizada», que descalifica y subestima todas tus emociones y capacidades.

Es importante que sepas que a partir de la reiterada manipulación que el descalificador hará de tus valores, con el tiempo correrás el riesgo de parecerte a él. El agresor te enseña que «el mundo empieza y termina en cada uno», lo cual, a la larga, podrá convertirse en tu propia creencia. Si esto sucede, tal vez sientas que ahora sí, te toca, como se dice, «tener la sartén por el mango».

Así es como sucede que el que alguna vez sufrió en carne propia este tipo de maltratos, puede convertirse en el victimario de una situación similar.

Esto nos ofrece una conclusión muy interesante, en el sentido de que podemos deducir que el descalificador alguna vez fue víctima.

5. NI PRÍNCIPE NI VERDUGO: «POR EL LIBRE ALBEDRÍO»

Como hemos visto en el punto anterior, tal vez muchos de los descalificadores, en algún momento de sus vidas, hayan sido descalificados y, por lo tanto, es posible que la descalificación sea la única manera que conocen o que han encontrado para relacionarse con los demás. Quizás es la única forma posible que tienen de sentirse, por algunos instantes, importantes. Su forma de pensar es «yo crezco y tengo poder si soy capaz de destruir tu estima y controlarte». Sin embargo, esa necesidad ilimitada de demostrar poder sólo es el resultado de una autoestima baja, herida, que encuentra valor en sí misma hiriendo y lastimando a otro.

> «Utiliza esta exageración de sí mismo para superar la inferioridad.»
> Jay Carter

La máscara del «ego elevado» es la elegida por ellos. El exceso de autoestima es capaz de invalidar cualquier acción o a cualquiera que trate de superarlos.

Personas de este tipo pueden encontrarse en todas partes, sea cual fuere el ámbito en donde nos hallemos, tanto en el terreno laboral, como en el social o familiar.

Son seres que proyectan en los otros todas las frustraciones e inseguridades que no les permitieron crecer ni desarrollar su potencial y sus sueños. Como ellos no pudieron llegar a la meta, su objetivo será que tú tampoco lo logres: «Si yo no lo logro, él tampoco» es su razonamiento típico. Sólo al lograr disminuirte y menospreciarte, podrán sentirse, al menos por un momento, importantes.

El descalificador conoce a la perfección todo lo que eres capaz de alcanzar si te lo propones. Sabe que cuentas con la genética de un campeón, y como conoce tu potencia intentará por todos los medios hacerte sucumbir y amedrentarte. Éste es el único camino que conoce y que es capaz de ejecutar para que nada escape a su control.

Sin embargo, no es tu destino ni el mío el tener que convivir con personas cuya meta es limitarnos y lastimarnos, ni tampoco nos compete ser sus socorristas.

El descalificador no es más que un simple niño asustado que va reprimiendo y rechazando todo lo bueno que la vida había deparado para él.

> «Cuanto más gordo sea tu enemigo, mejor para vencerle. Es más fácil clavar un cuchillo en el buey que una uña en la pulga.»
>
> **Anónimo**

Quizás, en este momento, te preguntes: «Una persona descalificadora ¿puede convivir en pareja?, ¿es capaz de sentir amor?, ¿de compartir sus pensamientos con un amigo?, ¿puede trabajar en equipo?, ¿sentir la belleza de vivir?»

La respuesta es «no», a menos que tome conciencia de sus actitudes, de su manipulación y decida revertir su mentalidad y su trato.

6. PALABRAS MORTÍFERAS

A partir del momento en que recibimos la ofensa o el maltrato, lo primero que se activa en nuestra mente es el preguntarnos y cuestionarnos si algo de todo lo que se ha dicho es verdad o no, y cuánto hay de cierto y cuánto de error en las insinuaciones que se nos hacen. Cuando operamos bajo este modelo comenzamos a darle más crédito a las palabras del descalificador y a su manipulación que a nuestra propia convicción y acción. Creamos de este modo diálogos internos infructuosos, derrochamos fuerzas en batallas estériles, en responder a ecos difíciles de acallar, envenenando nuestra mente con falsas profecías y manipulaciones que no merecemos.

Cuando nuestra mente se empeña en interpretar lo que los otros han querido decirnos, empezamos a sentirnos de acuerdo a lo que hemos interpretado.

Muchos de nosotros tomamos las palabras del descalificador como «palabra sagrada», sin darnos cuenta de que nos estamos haciendo cargo de sus dichos que poco tienen que ver con nuestras reflexiones. Paulatinamente vamos incorporando lo que el descalificador dice y le otorgamos un valor devastador, en contra de todo aquello que nos hemos propuesto. Ten en cuenta que si hacemos caso de lo que nos han dicho personas como éstas, podemos llegar a tomar las peores decisiones para nuestras vidas.

Y mientras nuestra estima pierde valor, no solamente nos apegamos a los falsos mandatos impuestos, sino que todo lo malo y negativo que hayamos pasado recobra fuerza y vuelve para seguir creciendo y lastimando nuestras emociones.

Dichos como:

- No sirves.
- No puedes.
- ¡Ten cuidado!
- No llores.
- No seas tonto.
- No te muestres débil.
- ¡Qué incapaz!
- Eres culpable de lo que pasa.
- Eres molesto.
- Es demasiado para ti.
- Eres rebelde.

- ¡Cállate la boca!
- ¡Haragán!

... terminan convirtiéndose en creencias que asumimos como tales y que no nos animamos a refutar.

La *ley de la Concentración* establece que: «Cuanto más pienses sobre una cosa, más se hace parte de tu realidad», es decir, que aquello que pienses acerca de ti mismo será aquello en lo que te convertirás.

«El verdadero modo de vengarse de un enemigo es no parecérsele.»
Marco Aurelio

La posición de víctima no sólo traerá angustia y frustración a tu vida, sino que también te transformará en la presa preferida del descalificador, y lo peor de todo es que si por un instante te animas a responder a su agresión, la culpa por responder y defenderte te producirá una angustia aún mayor.

Por todo esto, el primer paso es poner en orden tu mente y refutar todo lo que hasta hoy has aceptado como cierto. Un pensamiento verdadero acarrea otro pensamiento verdadero, y la suma de ellos sanará tu autoestima y cambiará el valor y el poder de tus decisiones. Para romper con la descalificación que alguna vez recibiste, lo primero que debes hacer es cambiar y ordenar tu propia atmósfera interior y decidir a qué personas vas a dejar entrar en tu círculo más íntimo y a cuáles no. Cuando defiendas tus creencias y tus valores, podrás afirmar tu autoestima, tu valoración y tus acciones. Poco a poco sentirás que estás capacitado para alcanzar todo lo que te propongas, y con una cuota de perseverancia, las mejores oportunidades estarán a tu alcance.

«Si hay victoria en vencer al enemigo, la hay mayor cuando el hombre se vence a sí mismo.»
José Francisco de San Martín

En la NASA hay un cartel que dice: «Está comprobado que el abejorro, aerodinámicamente, a causa de su peso, tamaño y cuerpo no puede volar, sólo que él no lo sabe.»

En reiteradas ocasiones te dijeron que no eras capaz, que no servías; sin embargo, si tienes actitud de aprender y refutar lo que una vez aceptaste sin cuestionar, todo tu potencial se pondrá en marcha y los mejores éxitos tendrán tu nombre.

7. LIMPIEZA EMOCIONAL

Si en algún momento de nuestras vidas anhelamos ser personas influyentes, debemos comenzar por reconocer que sólo podremos alcanzar la meta si somos capaces de tener valor, autoestima, energía, fuerza, aliento, motivación, respeto y amor por los otros. De lo contrario, como dice Erich Fromm: «Cuando el ser humano se transforma en "cosa", enferma, lo sepa o no.»

El valor que le podamos dar al otro nos dará la fuerza y el empuje que todos, en determinados momentos, necesitamos para crecer y convertirnos en la mejor creación de nosotros mismos. A partir de allí, estando en paz, podremos quitar de nuestro lado a toda aquella persona que tenga como meta desvalorizar y descalificar nuestra vida.

> «Todos nuestros enemigos son mortales.»
> Paul Valéry

¿Cómo hacerlo? ¿Cómo controlar al descalificador?

Podemos confrontar al descalificador, pero esto no dará buen resultado: él siempre se las arreglará para salir ileso de la situación y hacer que tú te quedes con toda la culpa y la responsabilidad del asunto. En casos como éste, él te podrá decir: «¿De dónde has sacado esa idea de que yo te estoy usando?, yo soy tu amigo y nunca te utilizaría», con una voz dulce y llorosa que te hará pensar: «Tiene razón, qué tonto, cómo he podido pensar eso de él», con lo cual te llenará de angustia y remordimiento sentir que has pensado mal, y entonces tomará un mayor control no sólo sobre tu mente sino sobre la situación en general.

> «La única revolución válida es la que uno hace en su interior.»
>
> **León Tolstói**

Otro método no muy aconsejable para controlar al descalificador es, simplemente, actuar como él: eres descalificado, entonces descalificas, y así sucesivamente. Sin embargo, esta solución no es la óptima, ya que si la eliges, te estarás sumando a su juego, corriendo el riesgo de salir nuevamente herido.

El descalificador tiene millones de métodos que sacará de su galera para cada situación en la cual decidas enfrentarte a él, y si no la tiene en su mente, la improvisará como todo buen actor.

Sólo si logramos controlar nuestras emociones, si conseguimos el dominio propio de nuestras vidas y contamos «hasta tres» antes de comenzar a hablar, sabremos qué *no* hacer frente a esta clase de manipuladores emocionales y seremos capaces de ganar la batalla.

Claves para tratar con un descalificador:

- **No lo contradigas:** Ésta es una batalla que nunca vas a ganar si lo contradices abiertamente; si insistes con esa estrategia, él se cobrará tu hazaña, ya que detesta ser confrontado. Es vengativo, y si lo humillas, tu nombre estará escrito en su memoria para siempre.

- **No te enfrentes a él en público:** Por cierto, ésta es una humillación que no dejará pasar por alto. ¿Cómo te atreves a ofender o a desautorizar la palabra del *todopoderoso*?

- **Acércate al descalificador:** No seas su amigo, simplemente acércate, para que no te hiera. Sé sutil: pequeños gestos y conductas logran grandes cambios; tal vez te suene absurdo, pero es una buena forma de empezar.

- **Míralo y sonríe:** Éste es un método más que sencillo para que tomes el control de la situación. Supón que el descalificador está frente a un grupo de cinco o seis personas y lo primero que hace es ponerse a discutir contigo con el único objetivo de demostrar quién tiene el poder. En este caso, lo que debes hacer es mirarlo con «cara de nada», sonreírle y darle a entender que lo has escuchado, para así revertir lo más rápido posible la situación de tensión. Sé que es difícil, pero se puede.

La conclusión final es: no caigas en su juego, no cedas a sus golpes bajos.

Comienza por priorizar tu vida, cuida tus emociones, deshazte de toda la gente tóxica que durante años ha estado cerca de ti, y sigue tu camino. Si cuando eras pequeño te desvalorizaron, te manipularon, te ofendieron, perdónalos a todos, libérate de cada una de las palabras y de las insinuaciones que habías asumido como ciertas, y serás libre de todos los que te ofendieron. Aprende a ser independiente, a ser el constructor de tu propio destino.

> «Los libros tienen los mismos enemigos que el hombre: el fuego, la humedad, las bestias y el tiempo y también su propio contenido.»
>
> Paul Valéry

El pasado es sólo eso: pasado. Por delante están los mejores años por vivir. Si eres capaz de dejar el pasado atrás, de superarte, de recuperar tu estima, de darle valor a tu vida y a tus sueños, podrás sentarte a la mesa y comer el postre tranquilo.

4

EL AGRESIVO VERBAL

¡Vamos, estúpido! ¡Muévete!

UN AUTOMOVILISTA A OTRO

1. DESPERTANDO EL MONSTRUO QUE TODOS TENEMOS DENTRO

Los agresivos son personas difíciles, complicadas, seres que minuto a minuto obstaculizan nuestra existencia, que parecen encontrar placer en hacernos difícil la convivencia o nuestro trabajo.

> «Las palabras son como las abejas: tienen miel y aguijón.»
>
> **Anónimo**

Sus contestaciones filosas y agudas nos sorprenden, nos dejan mudos, «sin palabras». Establecer una comunicación con este tipo de gente nos deparará tener que controlar nuestros más bajos instintos.

Estoy totalmente seguro de que al leer estas líneas ya tendrás en mente algún nombre: un jefe, un padre, un familiar, un amigo, una pareja.

Los agresivos son seres cuya violencia verbal parece fluir por sus poros, produciendo un desgaste impresionante a quien debe tratar con ellos.

Cuánta energía extra consumimos al detenernos a pensar cuestiones tales como: «¿Cómo se levantará hoy?, ¿tendremos un día de paz o de guerra?, ¿estará de buen ánimo o nos arruinará el día?»

Y así es como muchas veces vivimos pendientes de las emociones ajenas, supeditando nuestro bienestar al humor y al trato que los otros quieran darnos. Protagonizamos continuos intercambios verbales que nos llevan a pensar qué es lo que debemos decir y cómo y qué debemos hacer y qué no, para evitar despertar al «monstruo»: la violencia del otro.

Las personas que sufren de incontinencia verbal tienen dentro de su vocabulario una palabra a la que aman, y es «no». Digas lo que digas, por más que propongas una «idea de oro», esta persona te dirá «no».

Lo peor es que cuando esto sucede, sin darnos cuenta, terminamos preguntándonos qué habremos hecho mal o qué hubiera pasado si hubiésemos actuado de tal o cual forma, cuando debería ser la persona violenta quien se tendría que plantear su forma de relacionarse con los otros.

Características del violento verbal:

- El agresivo verbal es mordaz, intimidante, ofensivo: sin importar cuál sea el tema del que esté hablando, su objetivo será despertar el miedo y el temor en los otros, asegurándose así poder y autoridad. Su propia inseguridad es la que le impide establecer vínculos sanos y relaciones interpersonales prósperas.

- Es sarcástico e iracundo, despliega la artillería más pesada que tiene en su discurso y, cuando lo hace, tú piensas: «¿Todo esto estaba dentro de este hombre o de esta mujer?» Su boca es un manantial, pero no de aguas cálidas y mansas, sino de agresión y acoso verbal, capaz de revertir en un segundo tu paz y tu tranquilidad para meterte en medio de un campo de batalla.

Ejercerá su poder a partir de:

- Los gritos.
- La incontinencia verbal.
- Los malos tratos.
- La desvalorización continua de sus semejantes.

El agresivo verbal tendrá como objetivo hacerte sentir «poca cosa», incapaz, débil e inseguro. Su objetivo es que creas que él lo sabe todo y que, además, tiene la capacidad y la autoridad para llevar a cabo lo que se proponga. Lo más probable es que si te esfuerzas en demasía por mantener la calma y no perder el control, dado que no te gustan los enfrentamientos, cedas para evitar más confrontaciones haciéndote cargo de cada palabra y de cada hecho aunque no seas responsable.

Los monólogos internos que en reiteradas ocasiones repiten aquellos que son receptores de esta violencia verbal son del tipo: «¿Qué hice para que él o ella me tratara así?»

La respuesta es:

Tú no has hecho nada. Hagas o no hagas, el violento verbal siempre encontrará motivos para discutir y crear conflictos.

> «Las palabras que no van seguidas de los hechos no sirven para nada.»
>
> **Demóstenes**

Lo que sí es importante, en medio de tantas preguntas, es que puedas darte cuenta de que este bombardeo verbal no puede ni debe dañar, ni debilitar, tu autoestima, ni alterar tu propósito.

El objetivo de este capítulo es que puedas encontrar las herramientas para ser libre de la violencia verbal, del maltrato y de la manipulación que cada una de estas personas pueden ejercer sobre tu identidad y tus emociones.

2. DE QUÉ HABLAMOS CUANDO HABLAMOS DE VIOLENCIA VERBAL

Distingamos, para comenzar, los rasgos específicos de un «violento verbal». Es:

- Iracundo
- Agresivo
- Manipulador
- Ambivalente
- Inestable
- Sarcástico

Todo lo que te diga, hasta una adulación, la hará en tono irónico. Si le preguntas qué le ha parecido el trabajo que has hecho, es probable que te responda: «Está bien, pero da para mucho más; deberías haber puesto esto, aquello, etc.»

> «Las palabras son como las monedas, que una vale por muchas como muchas no valen por una.»
> Francisco de Quevedo

Si está buscando algo en su casa y no lo encuentra, no preguntará dónde está lo que le falta, sino que dirá: «¿Quién se ha llevado mis notas? ¡Son todos unos inútiles! ¡Les tengo prohibido que toquen mis papeles!»

Por norma, emite mensajes confusos y conversaciones difíciles de sostener. Un día te ama y al otro instante te odia. En un determinado momento podrá decirte que eres la mejor persona y la única con quien puede contar, y a renglón seguido tratarte de inservible e incapaz. Y así es como el manipulador te desestabiliza y te hace dudar de tus emociones hacia él, haciéndote perder el control de la situación: un día lo amas y al otro no lo entiendes.

Entretanto, olvidas cuáles son tus objetivos y tus metas, y te concentras en la persona violenta: en lo único que piensas es en cómo hablarle, en cómo presentarte ante ella; tal vez hasta prepares con anticipación el discurso que le darás, elucubrando las posibles respuestas, pero ¡atención! Si lo haces, perderás de vista lo importante: el trabajo a hacer.

Desde este lugar, desenfocada tu visión, tu meta se transforma en qué hacer y qué no para no despertar su ira. Buscarás las mil y una formas posibles de caerle en gracia, intentando ser aceptado, sin saber que hagas lo que hagas su conducta será cambiante e irritable.

Es muy difícil, en medio de un ámbito de violencia verbal permanente, lograr una comunicación y vínculos sanos. En estas situaciones, cada uno intenta resguardarse a sí mismo, no sabiendo en quién se puede confiar; quienes padecen estas circunstancias sólo se concentran en deducir qué es lo que se debe decir y qué es lo que se debe callar.

- El objetivo del «violento verbal» siempre será confundirnos, hacer pasar lo normal por anormal y viceversa.
- Tratará por todos los medios de intimidarte y coartar tus expresiones.

Él conoce muy bien el impacto de sus manipulaciones y registra a la perfección el efecto de sus gritos. Sabe que con su violencia logrará intimidarte, despertando ese miedo que te hace querer encerrarte en ti mismo. Desde esa posición, todo lo que piensas no podrá ser verbalizado, y tus emociones, junto con tus palabras, quedarán detenidas dentro de tu boca y suspendidas en tus sentimientos.

Por un instante, imagínate a ti mismo como la víctima de esta agresión:

Supón que estás editando una nota para un programa de televisión que necesita salir al aire en una hora, y que, de repente, desde la redacción, tu jefe comienza a gritar: «¡Pero cómo que aún estás editando estas imágenes, eres un inútil, en qué estás pensando! No sé quién te contrató, si fuera por mí ya estarías despedido. Eres totalmente incompetente para esta tarea. A ti y a tus compañeros todo os da lo mismo, sois unos ineptos.»

En medio de un clima así, de agresión y maltrato, es habitual estar a la defensiva o responder también con violencia. Lo peor es que la agresión verbal no sólo nos hace sentir incómodos, sino que logra su objetivo: desenfocarnos de la meta, y así es como nos preocupamos más por el tono de voz con el que se nos habla que por el trabajo que tenemos por delante.

Todo tiempo dedicado a tratar de buscar una justificación o una interpretación para la agresión o el maltrato es tiempo perdido. Si por un instante dejásemos de lado nuestro vano intento por tratar de entender el origen de esa violencia, podríamos entonces centrarnos en lo que sí nos compete: cómo nos vamos a relacionar con esta persona.

- Ten en cuenta que la persona violenta siempre estará a la defensiva de cualquier gesto o palabra con los que te atrevas a responderle.

- Recuerda que la persona violenta sabe que no es querida ni aceptada; es por ello que tratará de demostrar su enojo y su resentimiento llamando tu atención con ira, maltrato y violencia verbal, o incluso física.

- Mantente alerta: el violento verbal intentará por todos los medios hacerte parte de la discusión; usará ciento y una estrategias para desbordar tu nivel de paciencia. El iracundo esperará la ira como respuesta.

- No te sorprendas: la mayoría de los violentos verbales tendrán su visión personal de los hechos y, ante cualquier cuestionamiento por tu parte, te dirán: «A mí nadie me dice lo que tengo que hacer, yo tengo mi visión.»

Ambivalentes y cambiantes en todas sus relaciones, pueden ser tus amigos mientras les sirvas para su objetivo, pero en cuanto te animes a decirles que no a algo, se irán o tratarán de boicotear todo aquello que antes aceptaron y aplaudieron.

> «Cuando dejamos morir el bosque, las palabras pierden el sentido.»
>
> **Günter Grass**

Evitar el choque y el conflicto debe ser nuestra meta, así como lograr que el agresivo quede libre de su ira y pueda así discernir su dificultad, sus conductas, los conflictos que los originan y entonces resolverlos.

Con una persona violenta siempre es prudente ser razonable y pensar antes de emitir algún vocablo. De esta forma, podremos lograr que el violento confíe en nosotros y deje de sentir que somos su enemigo, convirtiéndonos en su aliado.

Pensemos que a muchas de estas personas no las hemos elegido para crear vínculos interpersonales, amorosos ni amistosos, sino que sólo nos vemos obligados a compartir con ellas un espacio laboral o algún encuentro casual si se trata de un integrante de nuestra familia. Por eso nuestro objetivo es poder relacionarnos de la mejor forma posible, de manera que no nos afecte su trato y podamos optimizar así el trabajo o el tiempo en el que tenemos que estar juntos.

> «Las primeras palabras que la nodriza del hijo de un rey debe enseñarle son: yo perdono.»
>
> **William Shakespeare**

Recordemos alguna de las palabras que nos vendrán muy bien al tener que tratar con una persona violenta:

- ¡Hola!
- Gracias.
- Por favor.
- Vamos por más.
- Todo lo que hagas te saldrá bien.
- Tú puedes.
- Eres capaz.
- ¡Adelante!
- Confío en ti.
- Sé que puedes hacerlo.

Frases cortas y palabras simples que nos permitirán optimizar el trabajo a realizar de una manera inimaginable, además de crear un clima y un ambiente favorables para la tarea o la relación que estamos estrechando.

3. ESTRATEGIAS DEL VIOLENTO VERBAL

El violento siempre te hará sentir que eres parte de la guerra que él ha comenzado, y, por sobre todas las cosas, hará lo posible para llevarte a su campo de batalla.

Sabe qué decirte, cómo y cuándo, conoce muy bien tu «talón de Aquiles». De una u otra forma, su intención es salirse con la suya, inspirarte temor, desarticularte y obtener lo que él quiere por encima de todo.

Sus métodos y estrategias:

- **Tener a flor de piel una sola palabra: «no»**

  A todo dirá que no, logrando así mostrar su peor cara, intimidando y estableciendo a través de este monosílabo el control. Es el tipo de persona a la que le preguntas:

  - «¿Te puedo ayudar?», y responde «no».
  - «¿Necesitas algo?», y su respuesta es «no».
  - «¿Te ha gustado cómo ha quedado el trabajo?», y otra vez dirá «no».

  Todo es un «no»; su primera palabra es «no», lo cual lo convierte en una persona incompetente e incapaz de establecer vínculos interpersonales. Sin darse cuenta, la persona negativa y violenta se va encerrando en un círculo que ella mismo crea, espacio en el cual nadie quiere entrar ni participar. Lo peor es que esta misma situación termina haciendo que el violento verbal se sienta solo y rechazado, con lo cual el circuito vuelve a comenzar y su ira aumenta cada vez más.

  Las personas negativas tienen como finalidad desmoralizar y paralizar cualquier proyecto o idea que pueda surgir, por eso, cuando estés frente a ellas, si puedes aléjate lo más rápido posible.

- **El tono de voz**

Otra de las formas que tienen de marcar su territorialidad es usar un tono de voz que intimide y frene cualquier respuesta contraria a la que está esperando.

El tono de voz, su gesticulación y la postura corporal que utiliza constituyen una demostración clara de lo que está esperando de nosotros y de lo que desea que entendamos. Lo que no sabe es que ese permanente tono de voz genera en los otros un constante rechazo y falta de interés hacia todo lo que venga de su parte. Nadie puede querer satisfacer ni agradar a una persona cuyo objetivo es intimidar. Los seres humanos disponemos del instinto de preservación, que es el que nos dice que debemos alejarnos rápidamente de este estilo de personas.

¿Quién querrá elegir libremente trabajar o establecer un vínculo con el que nos ofende, nos manipula, nos degrada, nos menosprecia o nos subestima?

En cambio, con aquellos que nos proporcionan seguridad, estímulo y energía, la colaboración es mucho más fácil, y el acuerdo y la cooperación mutua, más sencillos de alcanzar.

El violento verbal elegirá con anterioridad y cautela el tono de voz que usará para cada una de sus palabras. Él conoce muy bien lo que necesita recibir de ti: respeto, sumisión y miedo.

¿Cuántas cosas podemos querer insinuar o decir con un determinado tono de voz? Los seres humanos somos capaces de imprimir a una misma palabra diferentes significados: podemos decir «hijita» con la finalidad de demostrar todo el amor que sentimos y podemos decir «hi-ji-ta» demostrando que ya la paciencia está llegando al límite.

¿Cuántas discusiones o malos entendidos se hubieran evitado si lo mismo que dijimos en algún momento de mala manera lo hubiésemos dicho en un tono más conciliador? Por cierto, muchas relaciones interpersonales podrían haber sido óptimas y se podrían haber evitado rupturas si hubiésemos elegido en su momento el tono de voz conveniente.

El modo de hablar evidencia si el comunicador quiere llegar a un acuerdo o si, desde el comienzo de la conversación, intenta comenzar un debate o una guerra.

La ironía y el sarcasmo son ingredientes fundamentales que acompañarán al tono de voz que elegiremos, si lo que pretendemos es iniciar una larga tiranía. Si optamos por esto, lo que conseguiremos es que el receptor se concentre en el tono y en el modo en que le transmitimos el mensaje, obviando así el contenido central de la conversación. Ten en cuenta que efusividad, energía, entusiasmo, ira, enojo, encono, odio y amor son emociones que podemos no sólo sentir, sino también verbalizar.

Es por eso que cuando somos capaces de transmitir el mensaje verbal quitándole la carga emocional que tiene y centrándonos sólo en el resultado que queremos obtener, podemos establecer vínculos y conversaciones claras y sanas.

Nuestro tono de voz es un disparador de emociones y, como tal, de respuestas.

En las comunicaciones que establezcamos lo central es poder tener claro aquello que queremos transmitir y lo que buscamos lograr, para que elijamos el tono de voz más conveniente. ¿Qué es lo que quiero obtener con estas palabras que voy a emitir? ¿Cuáles son las respuestas que estoy esperando?

De acuerdo con ellas el receptor podrá entender y decodificar la clase de mensaje que está recibiendo: si es prioritario o no, si lo acepta o no y si se trata de un mensaje que le transmite fuerza y energía o que, por el contrario, sólo busca la confrontación.

Teniendo en cuenta esta información, tus conductas se volverán más precisas, tratando de hacerlo todo de la mejor forma posible para alcanzar así el aprecio y la aceptación del otro.

- **La postura física y los gestos**

El violento verbal no sólo manifestará su agresión y su ironía a través de su voz y de sus palabras, sino a partir de su postura física y sus gesticulaciones. Todo su cuerpo estará al servicio de su torbellino verbal. Del mismo modo, observará meticulosamente los gestos y las expresiones de sus interlocutores para aumentar o disminuir su violencia de acuerdo a cómo él evalúa la respuesta que está recibiendo.

Para evitar la confrontación, cuando estés frente a un violento verbal, puedes utilizar la táctica de expresarle que compartes lo que está diciendo, aunque no estés de acuerdo en absoluto con sus declaraciones. También podrás retroceder o volver atrás unos segundos en la conversación y darle a entender con palabras más sutiles lo que él mismo te ha querido decir, para que sienta que estás entendiendo su petición y su discurso. De esta forma, le harás comprender que con un tono de voz suave la comunicación también es posible y que el mensaje puede ser recibido sin violencia.

Por ejemplo, puedes volver unos instantes atrás y decirle frases como:

- «Lo que me estás diciendo es que...»
- «Entonces, lo que necesitas de mí es que...»

De esta forma, la persona sabrá que su mensaje se ha recibido y que tu intención es satisfacer su demanda. Si tus gestos y tus expresiones denotan interés, su ira se reducirá; de lo contrario, si decides contraatacar, podrá desatarse una guerra.

La persona violenta querrá por todos los medios demostrar quién es el que tiene el poder y el control de la situación, y ése, por cierto, no puedes ser tú. Sin embargo, si aprendes a tratar con gente difícil y complicada, te aseguro que el que tendrá el control y el dominio de la situación serás tú. Cuando lo logres, el agresor verbal estará en condiciones de razonar sobre tu pedido, y te encontrarás mucho más cerca de poder llegar a un acuerdo con él. Si permites que el violento se descargue verbalmente sin interferir en su discurso para a posteriori brindar tus sugerencias, serás capaz de reanudar la conversación en un tono de voz y desde una postura mucho más apacible.

Nuestras expresiones gestuales son una forma de comunicación sumamente importante y relevante en los resultados de la comunicación que obtendremos con estas personas; de ellas dependerá una mayor confrontación o una mejora en el desarrollo del vínculo interpersonal.

Recuerda que si comienzas la charla con agresividad, la

respuesta inminente de un ser emocional será también agresiva; en cambio, si te detienes a pensar la mejor forma de tratar con esta persona, es mucho más factible que puedas llegar a un acuerdo sin que nadie salga lastimado.

En resumen: cuando hablemos, hagámoslo con tacto, y estaremos eligiendo la clase de emisores que seremos.

4. ESTIMA A PRUEBA DE BALAS

Ofensas, insultos y agresiones nos bombardean a diario. Hay diálogos que desde que comienzan nos indican que correremos el riesgo de atravesar una nueva situación de estrés. Sin embargo, si somos inteligentes y astutos podremos mantenerlos en su territorio.

Veamos ahora algunas de las posibles respuestas que podemos darle a la agresión verbal, tomando la actitud correcta. Ten en cuenta que una respuesta hábil podrá desarticular al agresor, obligándolo a dar marcha atrás.

> «La discreción en las palabras vale más que la elocuencia.»
>
> Francis Bacon

En primer lugar, cuando te agredan, contesta algo incoherente y no des valor a la agresión.

Ejemplo 1:

Si el agresor te dice: «¡Vas muy mal vestido!» Respóndele: «Ya lo decía mi abuela, tanto va el cántaro a la fuerte que al fin se rompe.» Y si te pregunta: «¿Qué quieres decir?» Respóndele: «Ya lo entenderás, piénsalo.»

Ejemplo 2:

– Él: «¡Qué distraído que es usted!»

- Tú: «Más vale pájaro en mano que ciento volando.»
- Él: «¿Y eso qué tiene que ver?»
- Tú: «Piénselo.»
- Él: «¡Qué mala cara!»
- Tú: «Una golondrina no hace verano.»

Ejemplo 3:
- Él: «Estoy harto de tus inaptitudes.»
- Tú: «Agua que no has de beber, déjala correr, como decía mi padre.»

Ejemplo 4:
- Él: «¿Dónde tienes la cabeza últimamente?»
- Tú: «Y es como dice el refrán: "Al que madruga Dios lo ayuda."»

No permitas que nadie ni nada te ofenda. El violento verbal debe comprobar que tú te respetas, y que bajo ninguna circunstancia permitirás ni el abuso ni el maltrato. No pierdas la calma:

- Si te ofendes, te alejas de tu objetivo.
- Si te concentras en las emociones y en los demás, perderás de vista tu meta. Tu vista no debe apartarse de tu sueño.

La meta del violento verbal es entrar en tu círculo afectivo, porque sabe que si lo logra tendrá autoridad para dirigir tu mente y tus emociones. Por todos los medios tratará de robarte la paz, de llenarte de dudas y de conflictos. Él es feliz cuando logra que compres sus mentiras, sus chismes, su cizaña; cuando llegas a este punto, él sabe que ya estás en sus manos:

- Cuando logra que te llenes de impotencia y de enojos, es porque ha podido penetrar en tu círculo íntimo.
- Cuando te sientes mal por lo que te ha dicho y sigues guardando rencor, recordando cada detalle, es porque has cedido a su manipulación.
- Cuando estás atento a lo que él tiene para decir antes de poder elegir por ti mismo lo que vas a hacer, él ha logrado su objetivo.

Muchas veces esta intención no es obvia, sino que se realiza a través de la manipulación; lo importante es que una vez que descubres sus artimañas, le pongas límites. Nosotros somos quienes debemos definir nuestra posición: qué es lo que permitiremos y qué no.

La consecuencia menos óptima de nuestras reacciones ante los individuos que son leones tal vez deriva de la suposición de que éstos son indomables, bien sea por su título, su categoría, su personalidad o incluso por el séquito del que siempre van rodeados, al parecer, para protegerlos.*

Comencemos a domar a las fieras: «La ventaja del domador consiste en que éste tiene la inteligencia para estudiar a los leones individualmente.»**

- En primer lugar sé indiferente, haz como si el otro no existiese; de esa forma él no tendrá lugar para entrometerse en tu vida. La indiferencia te permitirá levantar un muro contra el cual ni el miedo ni el enojo logra-

* KATZ, Steven L., *El arte de domar leones*, Robin Book, p. 33.
** BOSTOCK, Frank C., *The Training of Wild Animals*, The Century Co.

rán convertirse en ese «estreptococo emocional» que se instala para quedarse a vivir y dirigir tus emociones.

> «Frente al ataque del león, la mejor ofensiva consiste en esquivarlo.»
>
> Pat Anthony

- Date tiempo. No tomes decisiones bajo presión ni lleno de enojo, tristeza o ira. Todas las emociones son pasajeras. Piensa y luego actúa.
- Controla las acciones para crear nuevas emociones. En muchas ocasiones, las emociones parecen incontrolables, pero con esfuerzo podemos hacer acopio de voluntad y autodominio, elementos necesarios para generar sensaciones nuevas y positivas.

Ahora bien, si la demanda que se te realiza es correcta y justificada, no siéndolo ni la agresión ni la ira, sería bueno que:

- Admitas tu equivocación.
- Manifiestes, brevemente, qué fue lo que has aprendido de la experiencia.
- Digas qué es lo que harás de modo diferente en el futuro para impedir que una situación tan desagradable vuelva a suceder. *

No perdamos el control de la situación: con serenidad y en paz se toman las mejores decisiones. Cuanto mayor sea la claridad con la que pensemos, mayores serán los beneficios que obtengamos.

* BRINKMAN, RICK y KIRSCHNER, RICK, *Cómo tratar a la gente que no puede soportar*, p. 109.

5. VIOLENCIA COTIDIANA

Todos pasamos por esos días malos en los que nos preguntamos: «¿Para qué me habré levantado?» Desde que comienzas tu jornada todo puede ocurrir: sales a la calle, paras el autobús y el conductor te grita que te des prisa cuando es él quien se ha detenido a dos metros de la parada; llegas a tu oficina y tu jefe, de mala manera, te da el listado de todo lo que debes hacer en el día; un compañero de trabajo te empuja y no te pide disculpas, y esto es tan sólo el principio: pura violencia, como si el maltrato y las malas contestaciones cotidianas fueran lo normal y debiésemos acostumbrarnos a ellas.

Expresar la ira es algo socialmente permitido para los hombres; sin embargo, no lo es tanto para las mujeres, a quienes se les enseña a no perder la calma y los buenos modales. Como decíamos, esto no es así con los hombres, a quienes se los estimula para que manifiesten su enojo. Es más, da la impresión de que se es más macho si se es más violento o iracundo; por el contrario, los pacíficos o tranquilos muchas veces son tildados de amanerados o femeninos.

Sin embargo, ninguno de estos mandatos culturales tienen asidero real: hombres y mujeres podemos expresar lo que nos enoja o disentir en aquello con lo que no estamos de acuerdo; el tema es encontrar la forma correcta para dar a conocer nuestras opiniones y emociones.

El sentirnos imposibilitados de no poder responder correctamente a la violencia que el otro ejerce sobre nuestras vidas nos llena de frustración, angustia y, muchas veces, de resentimiento. Sin darnos cuenta, la violencia verbal recibida, paulatinamente nos lastima y nos descalifica, colocándonos en un lugar de letargo y adormecimiento donde nada pasa.

Piensa en alguna situación de enojo que hayas vivido: ¿no has dicho o pensado alguna vez «¡Mejor no le contesto!» y has acumulado más enojo? En ese caso, seguramente has preferido dejar pasar las cosas a expresar la ira y el enfado. Quizás hayas escondido el dolor y esa ira, tratando de no ocasionar más problemas, más crisis, cediéndole así más poder al agresor de turno.

Por lo general, los no violentos toleramos, soportamos, aguantamos y no expresamos ni nos deshacemos de esa violencia verbal que a diario recibimos.

Aldous Huxley decía: «Los hechos no dejan de existir por el simple hecho de ignorarlos.»

Tú no puedes vivir la vida aceptando la violencia que otros ejercen sobre tu existencia: necesitas aprender a liderar tu propio destino y a poner límite a la agresión verbal que recibes a diario.

Poder poner límites a la ira y a la violencia verbal es salud.

Encontrar el momento y el lugar correcto donde poder hablar acerca de lo que nos sucede es saludable.

Necesitamos aprender a descargar nuestra ira de forma saludable. La violencia verbal debilita nuestro interior y nos hace sentir incapaces de alcanzar todo aquello que queremos lograr. Tal vez te preguntes: «¿A partir de cuándo dejé que esto me pasara?» Lo más probable es que la desvalorización haya comenzado con severas críticas de aquellos a quienes nosotros mismos les dimos el poder de lastimarnos.

Identifica cada palabra que te molesta y te lastima, y no te permitas recibirla más.

Enfrentar el camino más largo a veces es más agotador y requiere de mayor perseverancia, pero seguramente te llevará al éxito.

Necesitas afrontar lo que te perjudica; no esperes que lo

haga el otro. Tu objetivo es liquidar esa violencia que los demás ejercen o ejercieron sobre ti, evitar el daño a tu estima y tu identidad. Al violento le sirve ser como es, le trae beneficios, pero ¿y a ti?

Claro que no te trae beneficios, sino menosprecio y desvalorización.

- ¿Por qué no podemos contestarle a ese jefe malhumorado?
- ¿Por qué no podemos poner límite al maltrato emocional y a la manipulación verbal?

El problema siempre es interno, no externo, y nos urge resolverlo desde dentro, sin esperar que sea el otro el que cambie. Tu mejoría no depende de los exámenes de conciencia ajenos; hay un momento en que es necesario responder. La meta es aprender a expresar la ira.

Necesitamos diferenciar cuándo nos callamos por sabiduría y cuándo lo hacemos por temor a expresar lo que sentimos.

Reconoce toda palabra que te lastima y recházala; aprende a aceptar todo lo que te promueve y te estimula, a concretar tus sueños y tus objetivos.

Hermann Hesse decía: «Yo soy un hombre que sabe. He sido un hombre que busca, y aún lo soy, pero ya no busco en las estrellas ni en los libros: empiezo a escuchar las enseñanzas que mi sangre murmura en mi interior.»

Poner un freno a la violencia verbal mejora y sana nuestra autoestima, nos habilita a elegir correctamente y a estar en paz con nosotros mismos.

6. SALIENDO DEL MALTRATO Y LA VIOLENCIA VERBAL

En reiteradas oportunidades las personas violentas despiertan nuestros peores instintos: cuando entran en acción, nuestra paciencia llega a un límite, mientras nuestro pensamiento reiterativo apunta sin éxito a poder entender el porqué de su agresión, de su manipulación y de su confrontación permanente. Nos preguntamos sin cesar: «¿Por qué no podemos vivir en paz?»

Siento decirte que el violento verbal sólo podrá cambiar su actitud si él mismo decide hacerlo, por lo cual es importante que tú, que ya te has dado cuenta de que la situación está en el límite, puedas librarte de esa violencia y de todo vínculo interpersonal que no suma nada a tu vida, sino que resta.

Frente a los ataques verbales, las personas solemos reaccionar de varias maneras:

- Devolvemos el ataque.
- Damos una explicación a cada una de las manipulaciones.
- Permanecemos inertes y hacemos ver que nada está pasando y nada nos ofende.
- Dejamos claro que vamos a defendernos de todos los dichos y acusaciones.
- Vamos directamente a la cuestión sin sacar «viejos trapitos» al sol.
- Nos mantenemos firmes en nuestras convicciones, sin salirnos de nuestro objetivo.
- Tomamos aire, llenamos los pulmones, contamos hasta tres y entonces respondemos.
- Contestamos pero sin llenarnos de la misma rabia e ironía que el agresor.

- Simplemente preguntamos:

  «¿Desea algo más?»

  «¿Lo que usted me está pidiendo es que le entregue este trabajo en treinta minutos?»

  «De acuerdo, lo que usted me está queriendo decir es que este informe no está como usted lo esperaba. ¿Me podría decir cuál es el formato que desea?»

Los escritores Rick Kirschner y Rick Brinkman, en su libro *Cómo tratar con gente a la que no puede soportar*, sugieren este breve pero eficaz plan de acción:

1. Vigile su tono de voz.
2. Manifieste su intención positiva.
3. Interrumpa las interrupciones con tacto.
4. Cuente su verdad.
5. Esté dispuesto a escuchar.

Si tienes el control de la situación, el violento deberá detener su artillería y poner fin al ataque. En esta instancia, sabrá que ha sido descubierto. Unirte a su agresión es errar el blanco: lo peor que puedes hacer es responder a la violencia con violencia. Al no encontrar un receptor que le retribuya con su misma moneda, el emisor quedará desequilibrado, y con esa actitud lo llevarás a pensar y a que pueda darse cuenta de que no entras en su juego, con lo cual estará obligado a encontrar otra forma de comunicarse contigo.

Todos necesitamos ser escuchados, atendidos, ser tenidos en cuenta, aun esa misma persona que parece que no necesita a nadie más que a sí misma. Ante una actitud sana e inteligente de tu parte, el agresivo deberá decidir si prefiere seguir en la soledad emocional en la cual ha decidido recluirse, o si, de lo contrario, se abre para establecer diálogos.

7. OCHO PRINCIPIOS PARA SALIR DE LA AGRESIÓN VERBAL

Si sabes cuál es tu posición, nadie podrá lastimarte y las palabras de los demás serán simplemente eso: palabras.

1. En el área en la que te agreden emocionalmente, verás mejoras del 100 %. Cada vez que te agreden y puedas salir airoso de ese ataque verbal, habrás crecido y te habrás fortalecido cada vez más, y eso significará que nadie más podrá herirte ni apartarte de tu objetivo.

2. Los manipuladores te ayudarán a entrar en un nivel en el cual nadie más podrá herir tu corazón. Los manipuladores emocionales no pueden hacernos abortar nuestro futuro, sino anunciar lo que está por llegar. Digan lo que digan, cuando seas libre del maltrato emocional, nadie podrá herirte. No basta con decir: «Soy jefe y me tienen que obedecer»; un jefe necesita, además de tener esa autoridad que emana del cargo que ocupa, poseer la autoridad que emana de ser un líder competente que sabe llevar a su equipo hacia el logro de metas, objetivos y desafíos. La autoridad adquirida es aquella que consigues cuando permites que tu carácter sea formado. La autoridad adquirida es la que ganas por ti mismo.

3. La agresión indica que el sueño y el éxito se activaron en tu vida. La agresión recibida te permitirá hacer madurar tu carácter, liberarte de las culpas profundas y aprender a repeler el rechazo. La agresión viene a nuestra vida para hacernos madurar, obtener autoridad de carácter y así entrar a nuevos niveles de relaciones y de poder. El agresor verbal tiene como objetivo hechizarte. Pero no son los brujos los que hacen los hechizos ni los encantamientos, sino que son las palabras las que nos congelan, nos anulan y nos afectan para impedirnos acceder a nuevos niveles de oportunidades y de éxito.

4. Hay que agradecer a los agresores, porque nos enseñan con quién no debemos juntarnos. Si alguien te agrede di: «Gracias», y agrega: «Gracias, porque de ti no puedo esperar nada, buscaré mi cosecha en otro.» Tus agresores te están ahorrando tiempo y a la vez están enseñándote quiénes no son las mejores personas que sumarán valor a tu vida.

5. Los agresores deben recordarte que no hay que agradar a todos. No nos sirve vivir de la imagen y pretender estar bien con todos. Un predicador de California dijo: «¿Has hecho la lista de las personas con las que estás dispuesto a fracasar?» Habrá gente que estará en tu lista de fracasos y otra, en tu lista de éxitos.

6. La agresión verbal es la indicación de que lo ilimitado está hecho para ti y lleva tu nombre. «Las palabras de los sabios son clavos puestos correctamente», dice Salomón. El agresor verbal querrá tenerte acorralado contra las cuerdas del cuadrilátero.

El agresor querrá encerrarte y delimitarte en estructuras viejas y obsoletas. Te preguntará: «¿Eres liberal o conservador? ¿De derechas o de izquierdas? ¿Abolicionista o racista?» La palabra que te hace crecer duele; cuando un maestro de la palabra te desafía, duele. «Las palabras son como aguijones y fieles son las heridas del que ama», dice también Salomón. Esto significa que una palabra de sabiduría podrá herirte pero servirá para que te expandas, para que recuerdes que siempre hay más.

7. La agresión verbal será un indicativo de quiénes serán los que te acompañarán hasta la meta, a recorrer *los últimos metros*. Frente a la manipulación, el maltrato y la violencia verbal sabremos quiénes serán los que nos ayudarán a alcanzar nuestros objetivos y quiénes no lo harán.

Cuando tus sueños y tus proyectos son ilimitados, resulta indispensable identificar a aquellos que te acompañarán en tu camino.

La historia de Gedeón, un guerrero de la Antigüedad, cuenta que este hombre debía pelear contra un pueblo poderoso. Hete aquí que cuando hizo el recuento de sus soldados se dio cuenta de que tenía sólo 32.000 hombres, y que muchos de éstos no eran aptos para la guerra. Al comunicarle la información a su jefe, éste le dijo: «Despide a los que tienen miedo», a lo que Gedeón respondió: «Señor, ¿por qué?, el ejército enemigo es muy poderoso en número y armamento.» Entonces su superior le dijo: «Porque cuando vayas a la guerra te abandonarán.» Entonces Gedeón hizo sus averiguaciones y, tras sus acciones, quedaron en su ejército sólo unos miles de soldados. Entonces su jefe le volvió a hablar y le dijo: «Con éstos tampoco podrás ir a la guerra porque la mayoría son cobardes. Diles que tomen agua. Los que lo hagan como soldados, serán los valientes que irán contigo; los que la beban como perros, deberán volver a casa.» Entonces Gedeón dio la indicación y despidió a los que bebieron como perros. En su ejército quedaron sólo trescientos hombres. Fue sólo con ellos a la guerra, y venció.

Ésta es una historia acerca de las elecciones generadoras de éxitos y de fracasos.

8. La agresión verbal extenderá tu mente o la limitará según cómo la proceses. El ataque verbal intentará bloquear tu potencial y los sueños que tienes por delante. Las palabras de sabiduría, de aliento, de estima, son inspiradoras y te harán extender los sueños y las visiones de forma ilimitada.

La lengua apacible es el árbol de la vida, el hombre apacible se alegra con la respuesta de su boca y sus logros son incalculables.

5

EL FALSO

> Mi pareja es maravillosa, estamos
> muy enamorados. La amo con todo mi
> corazón.
>
> UN MUJERIEGO A SU
> GRUPO DE AMIGOS

1. ALQUILER DE IDENTIDADES

En la actualidad oímos hablar de *inteligencia intraper-sonal*, o sea, de la inteligencia que nos capacita para poder llevarnos bien con nosotros mismos.

Inteligencia intrapersonal es la capacidad de que dispo-nemos para conocer, entre otras cosas, nuestras limitacio-nes y actuar sobre ellas. Esto es fundamental, ya que aque-llo de nosotros que no conocemos puede convertirse en el factor limitante, en la restricción y en la barrera que se le-vantará ante nosotros, impidiéndonos alcanzar cada objeti-vo o meta diseñada.

Dicen que los pueblos perecen por falta de conocimien-to; lo mismo sucede con nuestra vida.

Si no sabes quién eres, adónde vas, cuál es el equipaje

que llevas contigo, de qué estás formado, qué es lo que te falta y qué es lo que tienes en demasía para alcanzar el éxito, serás tú mismo quien boicotee tu futuro.

El 80% de las restricciones que sentimos son generadas por nosotros mismos. Es por eso que todos los días necesitas preguntarte: «¿Qué es lo que me impide llegar a la meta?, ¿un agente exterior o el desconocimiento del potencial, de las capacidades y habilidades que hay dentro de mí? ¿Qué es lo que me está limitando?»

Conocerse es saber que siempre puedes un poco más, que siempre hay nuevas oportunidades y posibilidades. Si aún desconoces cuál es tu factor limitante, la pregunta correcta sería: «¿Qué podré hacer para llegar al éxito y no quedar varado en mitad del camino?» o «¿Qué será lo que hace que me resigne a que mis sueños y deseos sean sólo ilusiones?».

¿Serán...?

- La queja
- Los miedos
- Las excusas
- La pasividad
- La comodidad
- La distracción
- Las inseguridades
- La baja autoestima
- La falta de decisión

Permíteme decirte que lo que te urge es saber qué es lo que hoy pone freno a tu potencial. Discernir lo que hoy te está deteniendo tiene que convertirse en un objetivo primordial para luego ponerte en marcha hacia la meta. ¡Comienza ahora!

El problema es que no estamos acostumbrados a mirar hacia dentro; en general solemos desviar nuestras miradas hacia fuera, hacia los otros. Podemos encontrar en un segundo los errores de los demás, pero tomarnos toda la vida para encontrar los nuestros.

Y es de acuerdo a la mirada que hagas de tu interior que el éxito estará más lejos o más cerca de tu vida.

La manera que tengamos de relacionarnos con los otros y con nosotros mismos acercará las mejores oportunidades o las alejará. Con tus acciones serás tú quien abra o cierre las puertas que estén por delante.

El problema no son los otros, no es tu pasado, ni el pensar que te hicieron un hechizo. Tampoco lo es el país ni el gobierno de turno; el problema está dentro de ti.

Toma en este momento un lápiz y anota la siguiente pregunta, para luego reflexionar:

¿Sobre qué reacciones de tu carácter tienes que trabajar? ¿Iras, enojos, fastidios, miedos, culpas ajenas?

Quizá, como sentiste vergüenza o fastidio por tener estas emociones, en algún momento decidiste usar máscaras y mostrar una cara que no era la verdadera. Fue entonces cuando tu verdadero «yo» comenzó a usar máscaras como método de defensa ante los demás.

Y claro, en medio de esa actuación, has ido llenándote de sentimientos que te lastimaban y que no te permitían hablar, disentir, acordar ni poner en palabras aquello que decidías aceptar o rechazar para tu vida.

Seguramente, muchas veces has intentado cambiar. Probablemente has elegido un modelo y decidido copiarlo, pensando que si eras como tal o cual persona las cosas también a ti te iban a funcionar. Pero al cabo de un tiempo probablemente te has dado cuenta de que esa continua imitación te desgastaba y que al final habías quedado con un peso mayor que cargar.

Llegará un momento en el cual no nos podremos esconder más, ni podremos seguir fingiendo vivir una vida que no nos pertenece (si no, nos limitaríamos a ser una burda copia). Es fundamental que entiendas que si no logras romper con las máscaras, nunca llegarás a ser quien verdaderamente eres, no podrás parir ese «gen» que está dentro de ti esperando ser descubierto.

2. SE LEVANTA EL TELÓN: ¿FICCIÓN O REALIDAD?

¿Quién no ha usado en algún momento de su vida una máscara? Todos tenemos actitudes que representamos para que los demás no nos reconozcan. Hombres y mujeres nos hemos convertido, con el tiempo, en expertos en el uso de las máscaras. Sabemos bien cuál usar de acuerdo con quién estamos y a la situación que vivimos, pero en medio de ese trajín, que no nos da descanso, nos olvidamos de mejorar quien realmente somos. Las máscaras no hacen excepción de personas, edad, raza o religión.

Hay capacidades, recursos, potenciales que sólo te pertenecen y fueron creados para que tú los pongas en marcha; sin embargo, en muchas ocasiones preferimos usar máscaras, simular y no mostrarnos tal cual somos.

Algunas de las máscaras son:

- Máscaras de poder: muchos las tienen sólo para cubrir sus necesidades básicas, pero se esmeran en convencer a los otros de su poder diciendo: «Yo soy amigo de tal» o «Yo soy íntimo del director».

- Máscaras de superioridad: las llevan aquellos que transportan su currículum a todas partes. Necesitan impresionar, demostrar y sobresalir.
- Máscaras de víctima: las usan aquellos que nunca sonríen, que sufren por todos y por todo. Y todo les sucede a ellos, ¡nunca los podrás igualar en fatalidades!

Sin darte cuenta, terminas necesitando cada vez más máscaras para actuar el papel que quieres que otros crean de ti, olvidando que estas máscaras terminan ridiculizando tu vida, aprisionando lentamente tus emociones y convirtiéndote en un ser dependiente de ellas.

Imagínate que un día vas a una fiesta y te pones una máscara. La usas toda la noche, lo pasas bien, pero resulta que cuando llegas a tu casa estás tan, pero tan cansado, que te acuestas y te olvidas de quitártela. Resulta que al día siguiente, cuando te levantas y te miras al espejo ¡te asustas! porque no te reconoces. Lo peor es que cuando te quieres quitar la máscara, el pegamento con el que la has fijado a tu rostro es tan bueno que no la puedes arrancar. Entonces vas al médico y él te dice: «Señor, usted está condenado a vivir con esa máscara, el pegamento que ha usado es tan poderoso que nunca más podrá quitársela.»

¿Te imaginas yendo al trabajo con esa máscara, mirarte al espejo y verte así? Sería tristísimo.

Sucede que las máscaras terminan adhiriéndose a tu piel, y tú necesitando cada vez más de ellas. Pero la realidad es que sólo sirven para convencer a los demás de algo que no eres.

Por eso, cuando decidas quitártela y mostrarte ante todos tal cual eres, con tus defectos y virtudes, entonces comenzará tu verdadero cambio. A partir del momento en que decidas no usarla más, toda la energía que has consumido llevándola durante tantos años, podrás canalizarla en definir y proponerte alcanzar tu propósito.

Lee detenidamente este cuento de Jalil Gibran:

Había una vez un hombre que había hecho siete máscaras y las usaba permanentemente. Un día entraron ladrones a su casa y las robaron. El hombre, desesperado, comenzó a seguir a los ladrones gritando: «¡Ladrones, ladrones, devolvedme mis máscaras, no os las llevéis!» Los ladrones corrían y corrían y el hombre los seguía por toda la ciudad.

En un determinado momento, los delincuentes empezaron a trepar por un edificio y el hombre levantó su rostro para verlos. Por primera vez los rayos del sol dieron en su cara y, entonces, por primera vez, sintió el calor del sol.

En ese momento, ese hombre que hasta hacía unos instantes lloraba por sus máscaras, comenzó a gritar: «Ladrones, benditos ladrones que me han robado mis máscaras.»

Resérvate tiempo para conocerte y focaliza tu propósito. No hay meta demasiado alta que con pasión, fe y perseverancia no se pueda alcanzar.

3. NUEVA FUNCIÓN

Tienes que cancelar tu pasado, aprender del dolor vivido, pero no vivir en él. Sácale provecho a lo que te ha sucedido. Sólo tú vas a resolver tus problemas. Sólo tú. Permaneciendo en el pasado no podrás entrar en tu futuro.

Puedes buscar ayuda, un consejo, un mentor, pero eres tú quien debe resolver tu problema. No esperes la carroza. Acuérdate de que a las doce suenan las campanas y el carruaje pasa a ser una calabaza, así que mejor ¡resuélvelo tú!

Seguramente cuando soluciones tu problema dirás: «¿Por qué no lo decidí antes?» No esperes que otro te arregle la vida, ponle agallas.

No necesitas buscar nada en ningún anuncio clasificado: capacidad, potencial y habilidad ya están en tu mente. Es aquí mismo y en el ahora donde puedes hallarlos; no necesitas hacer ningún viaje para encontrarlos, sólo concentrarte y tomar contacto con tu creatividad. ¿Quién puede decidir sobre tu estado de ánimo? ¿Quién te puede obligar a que seas feliz? Son decisiones que sólo te compete tomar a ti.

> «La manera de funcionar de tu mente sin duda te afecta. Pienses que la vida es fácil o pienses que la vida es dura, en ambos casos acabarás por tener razón.»
>
> **Ernie Zelinsky**

Tienes el libre albedrío para elegir lo que aceptas o lo que rechazas que te suceda. Naciste para ser libre, libre para elegir qué pensar, qué decidir y qué hacer.

Tú decides ser feliz, decides lo que vas a pensar, y sólo tú decidirás también no vivir más bajo máscaras ni aceptar ser seducido por máscaras ajenas.

Por eso cuando dices: «Que digan lo que quieran, yo decido vivir bajo mis determinaciones y mis elecciones», dejas de ser víctima, vuelves a ser fiel a ti mismo y, desde esa posición, todo lo que hagas te saldrá bien.

Si hoy te preguntaran quién eres, ¿qué responderías?

> «Hasta el pájaro carpintero debe su éxito al hecho de haber utilizado su cabeza.»
>
> **Un sabio anónimo**

Destruye todo lo que te limita, antes de que esa limitación te destruya a ti.

Y una vez hecho esto, olvida lo que quedó atrás, extiéndete hacia delante, toma lo que te corresponde, todo aquello que está por venir.

4. SEGURIDAD INTERIOR

La palabra «seguridad» procede del vocablo latino *securus*, que significa «sin preocupación».

Pero en estos tiempos, ¿quién puede darte seguridad? ¿Un empleo? ¿Una cuenta bancaria? ¿Un seguro social? ¿Empresas que caen, que cierran? ¿Corporaciones que desaparecen?

La seguridad nace de saber que sea cual sea la circunstancia a la que nos enfrentemos, seremos capaces de resolverla.

«No hay ninguna seguridad en esta tierra. Sólo existen oportunidades», dijo Douglas MacArthur.

En tu creatividad y disposición estará tu seguridad.

Tus circunstancias pueden decirte que estás lleno de problemas, que la bolsa ha subido o ha bajado a tu favor, que te han tendido una trampa en el trabajo, pero será tu estima, nutrida de cada decisión que tomes cada día al levantarte, la que te llevará al éxito o al fracaso. Personas que anhelan construir pero no se animan, que quieren hacer realidad sus sueños pero sienten que no están capacitadas, que quieren correr pero sienten sus piernas inmovilizadas, deben despertarse. Nunca nadie alcanzó el éxito sin entusiasmo.

Mae West decía: «Tu verdadera seguridad eres tú mismo. Sabes que puedes lograrlo y eso nunca lo podrán controlar.»

Aquellos que alguna vez hicieron historia o cuyos nombres trascendieron, no lo hicieron por empatía o privilegios o gracias a la emoción, sino porque trabajaron eficazmente en el diseño de sus metas y desarrollaron el dominio propio necesario para perseverar hasta el final.

> «La habilidad es un oficio y es mejor que una fortuna heredada.»
>
> **Proverbio galés**

No se conformaron con los «casi»: «Casi lo logro», «casi lo alcanzo», «casi se me da». Se concentraron en su objetivo y nadie pudo desenfocarlos. Fueron creativos y flexibles.

El problema de muchos es que siguen el patrón de vida de otros, pero no saben adónde van a llegar.

Sólo la potencia de tu sueño hará que sientas correr la sangre por tus venas, te hará sentir vivo y dará rumbo a tu vida y a tu discurso.

Lo primero que te sucederá cuando te capacites para triunfar, es que pasarás de ser una persona productiva a ser una persona con autoestima. Entonces habrá cambios notables en tu vida y en la organización de la misma:

- Lo que no funcionaba, comenzará a funcionar.
- No dependerás afectivamente de nadie para llegar al objetivo.
- Comenzarás a declarar públicamente tus sueños y no tendrás vergüenza de ellos.
- Hablarás y actuarás como si ya fueses un campeón. No importará que estés en el comienzo de la recta, te moverás como si ya hubieras alcanzado la meta.
- Aplicarás el principio de la asociación: lo mejor se añadirá y se unirá a tu propósito, y lo que no sirve quedará en el camino.

- Serás un «mejorador»: todo lo que pase por tus manos será perfeccionado y exitoso.

Estamos en el camino de ser los mejores líderes, políticos, empresarios, maestros, deportistas y analistas que el mundo haya conocido.

«Todas las comodidades de la vida (las que se ven y se tocan) fueron antes una idea invisible, hasta que alguien decidió hacer algo concreto al respecto», dijo Ernie Zelinsky.

Cuando tú eres el mejor en el lugar en que te encuentras, estás calificado para pasar a tu próximo nivel, a tu próxima promoción, hasta llegar al punto en el que las puertas se abrirán antes de que golpees.

5. DIME CÓMO HABLAS Y TE DIRÉ QUIÉN ERES

Nada tiene el mismo poder que la palabra, que aquellos vocablos que en milésimas de segundos pronuncias a diario de manera verborrágica.

El simple hecho de abrir nuestra boca y comenzar a decir una serie de palabras determina las posibilidades de solución y concreción de cada uno de nuestros proyectos, metas y objetivos.

Las palabras tienen poder: poder para construir un vallado que proteja tu sueño pero poder también para que las palabras de menosprecio, si las aceptas en tu vida, destruyan tus sueños.

Cada palabra que sale de tu boca será la puerta por la que atravesarás cuando te enfrentes a una circunstancia difícil.

Las palabras te traerán beneficios o pérdidas, te afianzarán o destruirán tu estima y tu seguridad.

Frases como:

- «No puedo.»
- «No valgo.»
- «No sé.»
- «Soy torpe para esta función.»

Son frases que nos decimos a nosotros mismos, que debilitan a diario nuestra seguridad emocional y terminan convirtiéndose en inseguridades que se apegan a nuestras vidas como garrapatas, que anulan todas las capacidades de las que disponemos para disfrutar de la vida. Activando esa inseguridad frenaremos los objetivos que tenemos por delante. Sin darnos cuenta, a veces ponemos en marcha esa inseguridad que bloquea todo aquello por lo que hemos luchado tanto tiempo. La inseguridad no sólo interrumpe el acceso a tus metas, sino que te hace prestar oído a voces y a palabras ajenas.

Pero existe una meta, un sueño, un propósito que no puedes abandonar: tu vida. Para ello también dispones de palabras: fe, valor, seguridad, convicción, determinación, potencial, meta, destino, estima, autodominio; son palabras que desde el momento en que comiences a aplicarlas a tu vida producirán su fruto al ciento por ciento y a una velocidad que hasta ahora desconocías.

Introduce palabras de bien, de fe, de ánimo en tu vida; crea con palabras lo que estás esperando recibir de tu trabajo, tu futuro, tu empresa, tus hijos.

Y así es como caminamos y nos desenvolvemos en las diferentes áreas de nuestras vidas, de acuerdo a cómo nos sentimos. Los seres humanos nos vemos tal como hablamos de nosotros mismos, y conforme a lo que los otros dicen de nosotros y aceptamos como válido.

6

EL PSICÓPATA

> A mí nadie me dice lo que tengo que
> hacer.
>

1. ¿PSICÓPATA, YO?

Encendemos el televisor, vemos las noticias y ¿con qué nos encontramos? Una adolescente asesina a su familia porque no cumplieron con sus deseos; un hombre dispara y mata a sangre fría porque le tocaron la bocina en un peaje; un conductor reacciona brutalmente cuando otro le hace señales con las luces para pedirle paso; gente que desperdicia dinero y esfuerzo tratando de demostrar una posición social que no tiene.

Siempre hay más y peor: una mujer mata brutalmente a su marido después de una larga relación de maltrato; personas que abusan de niños por mero placer; asesinatos masivos, gente que destruye y justifica su crimen diciendo «no me gustó cómo me miraba» o «hablaba demasiado». Ésta es una larga lista de acciones sin sentido que vemos a diario en los telediarios, una enumeración de hechos que lamentablemente podría continuar de manera indefinida. La pregunta a hacernos sería: «¿Qué es lo que desata tal crueldad en una persona sin generarle ningún tipo de remordimiento?»

Los psicópatas están en todos lados. Psicópata no es solamente un estafador, un asesino en serie, sino que puede ser una persona que está en el trabajo, en la escuela, en la iglesia, en cualquiera de los ámbitos donde nos movemos. Los psicópatas son expertos en la mentira y en los engaños, y tienen como fin traicionarte y arruinar tu vida.

Siendo estos rasgos muy generales de la personalidad de un psicópata, seguramente en nuestra cabeza ya debe de estar sonando una alarma que nos alerta acerca de cuán peligroso puede llegar a ser tener cerca a un individuo de estas características.

Es de suma importancia resaltar que estos personajes no son antisociales a simple vista, sino que se caracterizan por su capacidad de adaptarse y alterar su forma rápidamente.

Muchos profesionales los comparan con reptiles, en mayor medida con el camaleón, por su gran capacidad de cambiar de aspecto adaptándose al que le resulte más ventajoso.*

Veamos ahora con más detenimiento cómo actúan y qué características tienen para poder reconocerlos y, una vez que lo hayamos hecho, vivir lo más lejos posible de todos ellos.

---

* GARRIDO, Vicente, *El psicópata*, Algar.

2. CARACTERÍSTICAS DE UNA MENTE PSICÓPATICA

Para comenzar, tengamos claro que los psicópatas son personas que no sienten culpa ni angustia, que mienten, engañan, roban y no sienten absolutamente nada por el daño que causan.

El psicópata mostrará una imagen falsa todo el tiempo, y tratará de hacer creer que está interesado en lo que en realidad no lo está.

Sus rasgos y sus actitudes más llamativos son algunos de éstos:

- Muestran una imagen que en realidad no tienen y que ellos mismos inventan. Tenemos que estar atentos a los que cuidan su apariencia de forma exagerada. Observemos si su interior coincide con su exterior.
- Son personas que no aman a nadie. Aprendamos a mirar no lo que dice la gente, sino sus conductas. Las personas que sólo ven dinero por todos los lados y la forma de quedarse con él, ¡son psicópatas! Cuando lo único que alguien quiere es poder, estamos frente a un psicópata.
- Al psicópata los otros sólo le sirven para conseguir más dinero, sexo y poder. Los psicópatas aparecerán cuando el éxito llegue a tu vida, ya que si eres pobre no les resultas de utilidad. Si has logrado algo, esta *persona tóxica* querrá ponerse en contacto contigo para robarte y destruirte.
- Siempre se ofenden por todo. ¡Cuídate del que se ofende rápidamente! Te manipulará diciéndote: «¡Lo que me has dicho me ha dolido mucho, no me lo merecía!» El psicópata querrá manipularte y controlar tu vida.

- «Llevan y traen» todo el tiempo: ten cuidado con el que habla mal de otra persona, porque mañana hablará mal de ti a otros.
- Adoptan máscaras de espiritualidad y religiosidad. Un psicópata no sólo vive dentro de su casa, sino que trabaja, va al club, practica *hobbies*, hace lo que hacemos todos y aún más. Muchas veces se esconde detrás de la Iglesia, camina con la Biblia debajo de su brazo pero no sabe dónde empieza ni dónde termina el texto.
- Son resentidos y amargados: los psicópatas tienen su visión personal de los hechos. Son intocables y nadie puede decirles ni sugerirles nada; si lo haces te dirán: «A mí nadie me dice lo que tengo que hacer, yo tengo mi visión, mi punto de vista.» Pueden ser tus amigos mientras les sirvas para su misión y sus objetivos, pero cuando les digas que no a algo que te piden, se irán o se lanzarán contra ti. Recuerda: ellos trabajan con su agenda privada para lograr lo que les interesa.

El psicópata es un experto en el arte de usar máscaras, manipular, mentir y engañar sin escrúpulos. Debemos recordar también que los psicópatas suelen ser individuos sumamente locuaces: siempre tienen a mano respuestas rápidas, tienden a ser muy convincentes, saben expresarse con encanto y son capaces de «vendernos» cualquier cosa que obviamente los haga quedar bien a ellos.

El sujeto que padece este tipo de patología tiene en todo momento la sensación de que es mejor que los demás. Posee un egocentrismo desproporcionado y el convencimiento de que puede hacer cualquier cosa que quiera, cómo y cuándo quiera. Su meta permanente es buscar el poder y el control de todos los que están a su alrededor;

esa necesidad lo convierte en un ser incapaz de comprender que haya personas que tengan ideas diferentes a las suyas. Y si agregamos a estas conductas el hecho de que el psicópata considera al otro un simple objeto, entenderemos por qué se le hace tan sencillo maltratar, lastimar y abusar de los demás, sintiéndose con pleno derecho a hacerlo con impunidad.

En resumen, el psicópata es:

- Sumamente egocéntrico.
- Orgulloso: posee una autoestima muy elevada.
- Manipulador.
- Mentiroso.
- Cruel.
- Agresivo.
- Caprichoso.
- Antisocial.
- Muy impulsivo.
- Ilógico y sin capacidad de autocontrol.
- Irresponsable.
- Carente de empatía.
- Incapaz de sentir pena o arrepentimiento.
- Calmo aun en situaciones extremas.
- Indiferente a las consecuencias de sus actos.
- Incapaz de detectar el sufrimiento humano.
- Alguien que considera que el otro es simplemente un objeto.
- Muy observador.
- Desvergonzado.
- Capaz de adaptarse y cambiar de forma rápidamente.
- Por lo general, muy elocuente y convincente.
- Atractivo.
- Muy superficial.

- Frío.
- Incapaz de mantener lazos con ninguna persona salvo por interés.

3. «SI ME ENGAÑAS UNA VEZ, TUYA ES LA CULPA; SI ME ENGAÑAS DOS, ES MÍA» (ANAXÁGORAS, FILÓSOFO GRIEGO)

Tenemos que prepararnos porque este tipo de gente, como ya hemos visto, puede estar en todas partes. Lo que necesitamos es conocer las estrategias más comunes que utilizan para manipularnos y convertir nuestra vida en una pesadilla.

Los primeros pasos del psicópata serán:

- Entrar en tu círculo afectivo: es donde está la gente que te ama y que amas, donde también están tus mentores, aquellos que te ayudan a avanzar. Saben que si logran entrar en tu círculo afectivo íntimo, podrán entrar en tu mente y destruirte. Tratarán de robarte la paz por todos los medios.
- Quedarse a vivir contigo: cuando el odio, el enojo y la furia se hayan apoderado de ti significará que el psicópata ha ganado la pelea.
- Cuando lo que él te diga influya en tu estado de ánimo y en tus emociones y boicotee tus acciones, cuando pase el tiempo y tú sigas sintiendo rencor, recordando cada batalla, el psicópata habrá cumplido su objetivo.
- Cuando comiences a estar atento a todos sus movimientos y te intereses por sus opiniones, le estarás dando la bienvenida.

El psicópata simplemente actúa. Pero esa impulsividad no es más que una reacción a su necesidad de satisfacción inmediata. El psicópata necesita todo el tiempo experimentar el vértigo en su vida, ya que todo lo que ha vivido le resulta aburrido; su mente y sus emociones le generan un hambre desmedido de vivir cosas nuevas. Y es por eso que es tan usual que los psicópatas terminen siendo los criminales más crueles que la humanidad haya conocido. Esto no significa que todo psicópata sea un criminal, sino que si existiera una personalidad criminal, ésta estaría teñida de los rasgos del psicópata, ya que a nadie como a él le gusta quebrantar las leyes y accionar mediante la violencia y el engaño.

Pero el psicópata no es sólo el criminal: es el padre de familia, el amigo, el hombre de negocios, el jefe a quien no entendemos, el policía, el artista, el cura, el político y muchos más. Un individuo de esta calaña puede estar escondido en cualquier lugar de poder, ya que es capaz de llegar a donde quiere gracias a su elocuencia, a su naturaleza encantadora y a su falta de escrúpulos.

4. ¿QUÉ HACER PARA SACARSE UN PSICÓPATA DE ENCIMA?

Básicamente con indiferencia: no te detengas a interiorizar absolutamente nada de lo que hace. Indiferencia es *hacer como que no existe*. ¡Ojo! No significa ignorar, porque al ignorarlo estoy hablando de él y permitiendo que entre en mi círculo afectivo; sólo hay que erradicarle con la indiferencia.

Edgar Allan Poe dijo: «Cuando deseo averiguar lo bueno o malo que es alguien, o cuáles son sus pensamientos en un momento determinado, adapto la expresión de mi rostro, lo más ajustadamente posible, de acuerdo con la expresión del suyo, y entonces espero a ver qué pensamientos o sentimientos surgen en mi mente o mi corazón, para encajar o corresponder con esa expresión.»

Prestemos mayor atención a las alertas que nos da nuestro propio ser con respecto a las otras personas. Debemos estar atentos a lo que nos pasa y analizar lo que sucede con nosotros, porque cada vez que un psicópata entre en nuestras vidas será porque se lo hemos permitido.

> «Puedes engañar a todo el mundo durante un tiempo. Puedes engañar a algunos todo el tiempo. Pero no puedes engañar a todo el mundo todo el tiempo.»
>
> Abraham Lincoln

La primera impresión que tienes de una persona es sumamente importante; los primeros cinco minutos son primordiales. Sin embargo, éste no es el único parámetro en el que debemos apoyarnos. Hay muchas variables que pueden influir en cómo una persona te cae por primera vez y, si no confiaste en ella al instante, simplemente pon límites a la relación, no bajes la guardia pero tampoco la condenes. No gastes energía en ir evaluando a la gente por pasatiempo; lo que sí es sumamente importante y sano es poner límites a las relaciones interpersonales que establecemos.

Para librarte de los que ya han conseguido hacerte daño, tienes que perdonarlos; el enojo está, pero debes perdonarlos; saca a la gente tóxica que permanece en tu círculo de afectos y deja entrar a los mentores que están esperando, a tus *conexiones de oro*, a los que te acercarán a tu propósito. Los psicópatas se arruinan solos, no te preocupes.

Es cierto: alguien saldrá de tu círculo íntimo. ¡Pero prepárate! ¡Los mejores están por llegar! No entres en juegos ajenos, sigue con tus estrategias. Haz historia, no le entregues a los psicópatas lo que te pertenece sólo a ti.

No permitas que tu vitalidad sea dañada, ni que su manera de actuar te intimide en el vínculo interpersonal que a diario estableces con las personas que te rodean.

Levanta un cerco alrededor de tu intimidad, y no permitas que nadie viole tus emociones; escribe un cartel bien grande que diga: «¡Prohibido entrar!»

Aprendamos a alejarnos de toda relación social que nos resulte tóxica. Alimentemos nuestros vínculos sociales saludables, y cortemos todo tipo de conexión con aquellos que deciden contaminar y amargarnos el día desde el momento en que nos levantamos.

7

EL MEDIOCRE

> Sobre la marcha, seguro que es una
> tontería. No se preocupe, con un poco de
> pegamento lo arreglamos.
>
> RESPUESTA DE UN FONTANERO
> A UNA MUJER A LA QUE SE
> LE INUNDÓ TODA LA CASA

1. MEJOR MALO CONOCIDO QUE BUENO POR CONOCER: FALSO

Cada día te levantas y haces lo urgente, pero no haces lo importante. Cada mañana piensas en lo que tienes que hacer durante la jornada, pero tal vez te olvidas de ti, que eres lo más importante.

¿Cuánto tiempo hace que no te preparas un buen desayuno, que no lees un buen libro, que no vas al cine o disfrutas de una buena barbacoa? ¿Cuánto hace que no avanzas en lo que proyectas desde hace tanto tiempo?

Y al día siguiente, ¿qué haces? Te vuelves a levantar, vuelves a hacer lo urgente y de nuevo tú no quedas incluido en los planes. ¿Dónde quedaron tus sueños, tus metas? ¿Cuál es el beneficio de vivir a expensas de las demandas ajenas, de satisfacerlas sin reservar tiempo para lo que realmente es importante?

Una de las cosas que hemos perdido, en esa bendita urgencia por cumplir con lo que se nos pide a diario, es el hábito de apartar el tiempo que necesitamos para capacitarnos y mejorar continuamente.

Piensa que si hoy no estás creciendo, estás decreciendo.

Tal vez, cuando te graduaste, estabas lleno de sueños y de proyectos, pero luego te sumergiste en la vorágine diaria y todo aquello que tenías planificado comenzó a difuminarse. Entonces te llenaste de miedos y de inseguridades y te paralizaste. Sin darte cuenta, subiste al tren y seguiste a la manada, y hoy corres y vas hacia donde todos van, sin ver que muchos van hacia la nada o, simplemente, hacia el lugar donde todo está en calma, pero nada pasa.

Es el paisaje del conformismo, de los eternos letargos e infinitos sueños donde el vacío se hace cada vez más grande y las ilusiones se desvanecen. Es por eso que no tienes respuestas, o que siempre alcanzas los mismos resultados.

Paul Meyer decía: «El noventa por ciento de los que fracasan no han sido derrotados, sino que en realidad ellos han renunciado.»

¿Tienes miedo de arriesgar y perder? No importa, afróntalo y avanza igual. El temor es parte de nuestra naturaleza. Desde el génesis, el principio de todo, el hombre sintió temor ante lo desconocido. Hasta los que alcanzaron el éxito, en algún momento, también sintieron temor. La diferencia es que esa emoción no los detuvo ni los paralizó.

> «Más instructivos son los errores de las grandes inteligencias que las verdades de los ingenios mediocres.»
>
> **Arturo Graf**

El temor te agota, te debilita, te habla en negativo y te enferma. El temor dificulta aún más la situación.

Montaigne escribió: «Lo que más temo es el temor.»

Y es este miedo el que muchas veces nos hace claudicar, abandonar sin plantarle cara a cada situación. Lo que hay que hacer es decidirse a dejar atrás mediocridad y a avanzar «a pesar de»; en el camino encontrarás las herramientas para volver a empezar cada vez que lo necesites.

El cirujano inglés Lloyd-Jones expresa en su libro *Depresión espiritual: Sus causas y su cura*: «La mayor parte de la infelicidad que sientes en tu vida se debe al hecho de que te estás escuchando a ti mismo, en lugar de hablarte a ti mismo.» Necesitamos vernos como realmente somos, y no como nos imaginamos ser.

2. NO TE RESIGNES A SER UNO MÁS DEL MONTÓN

Tal vez estés trabajando en algo que no te interesa, un trabajo al que accediste en un momento en que no tenías alternativa y necesitabas trabajar sí o sí; quizá cuando quisiste empezar una carrera no se dieron las condiciones para que pudieras hacerlo.

Hoy han pasado los años y piensas que ya es tarde, que estás viejo, que estás cansado, que no tienes tiempo. Todo esto son excusas que te impiden ir por más, por mucho más.

Así es como nos acostumbramos a sobrevivir sin arriesgarnos a pensar en lo nuevo, en lo mejor y en lo excelente que está a nuestro alcance si nos atrevemos a romper con viejos ritos, costumbres y paradigmas obsoletos.

Los seres humanos tendemos a conformarnos y a aferrarnos a lo conocido por miedo a perder lo que ya hemos conseguido.

Einstein afirmaba: «El mundo que hemos fabricado como resultado del nivel de pensamiento que hemos utilizado hasta ahora crea problemas que no podemos solucionar con el mismo nivel de pensamiento en el que los creamos.»

Hoy nos enfrentamos a la mejora continua: están al alcance de nuestras manos técnicas, herramientas, seminarios, cursos y especializaciones que podrían optimizar y mejorar al cien por cien la calidad de los resultados que estamos obteniendo. Todo está a nuestra disposición. Si existen consultorías que podrían efectivizar al máximo nuestro rendimiento, ¿por qué no acudir a ellos? ¡No desperdicies esta oportunidad!

Carlos Zais dice: «Los ejecutivos de recursos humanos reciben cada semana docenas de llamadas telefónicas de individuos y de compañías que ofrecen un nuevo enfoque. Con tanta sabiduría a nuestra disposición, ¿por qué no estamos más satisfechos y somos más eficaces?»*

Pero resulta ser que cuando revisamos nuestra historia nos damos cuenta de que nos hemos estancado, y de que esa quietud no es la propicia para la productividad, la acción y los resultados extraordinarios.

Emprende revisión correctiva para dejar atrás lo obsoleto, lo que te detiene, y avanza hacia lo que sí te dará nuevos resultados. No fuimos creados para vivir en medio de la insatisfacción y el estrés continuos, ni sumidos en la depresión o la frustración;

> «El cambio es una puerta que sólo puede abrirse desde dentro.»
>
> Terry Neill

todo lo contrario: disponemos de potencial, fuerzas y energía para cuestionar los imposibles y meternos en un mundo

---

* ZAISS, Carl, *Transforme la calidad de sus relaciones con los demás*, Editorial Universitaria Areces, p. 45.

en el que, para los que tienen fe, nada es imposible. Refutemos nuestras propias creencias y modifiquemos el contexto en el que nos movemos.

En 1961, John F. Kennedy habló frente al Congreso y dijo: «Antes de que termine esta década, esta nación debe comprometerse con la meta de poner a un hombre en la Luna y lograr que regrese sano y salvo a la Tierra.»

Lo declaró y lo logró, y si él lo hizo, tú también puedes hacerlo. Los cambios podrán suscitarse a partir de que consigas dar un giro de 180 grados, de que rompas con los paradigmas y elimines los imposibles. Decídelo y muévete para alcanzarlo.

3. ¿PARA QUÉ MÁS? ASÍ ESTAMOS BIEN

¿En qué estás ocupando la mayor parte de tu tiempo, en lo que realmente es trascendente e importante o en aquellos detalles que te detienen y retrasan tus objetivos? ¿Cuáles son aquellas creencias que hoy todavía te frenan y no te permiten avanzar con rapidez? ¿Quizá sea el desánimo, el desengaño, la ausencia de un mentor en tu vida o en tus relaciones, el perfeccionismo, los falsos patrones culturales o la mediocridad en la que muchos viven inmersos?

La mediocridad, la modorra y el letargo son contagiosos, como cualquier otro de los síntomas de los que hemos hablado. La pereza, la falta de estímulo, la pérdida de sueños y de visión han llevado a muchos a conformarse con una vida monótona, pero claro, sin sobresaltos. Para ellos, lo importante es «llegar a fin de mes», y eso no está mal, pero tengo que decirte que estás perdiéndote lo inesperado y lo extraordinario que puede alcanzarte.

Te levantas, cumples con la rutina diaria, vas al trabajo o

a la universidad, cumples el horario laboral fijado, tomas el metro o el medio de transporte que uses y vuelves a tu casa; si eres mujer, seguramente te ocupas de los niños, y si no, como la mayoría de los hombres, preguntas qué es lo que hay para comer, ves la televisión, comes... y a dormir. Y así pasan tus días, inmersos en un vacío donde el estímulo, los sueños, los éxitos y lo trascendental no tienen lugar.

En esa misma rutina y monotonía, nuestras relaciones se terminan o se reducen y con ellas las posibilidades de abrirnos a un mundo lleno de desafíos y de riesgos, pero también de éxitos y beneficios que nos están esperando.

¿Quién no se ha encontrado alguna vez con un compañero en el trabajo que le ha dicho:

- ¿Para qué te vas a esforzar con lo que te pagan?
- ¿No conoces el artículo 22? Te corresponden dos días por mudanza, tres por limpieza, dos por fumigación.
- ¿No te has afiliado al sindicato? Yo hago huelga siempre, sea cual sea la razón.
- ¡No te esfuerces más! Total, el dinero se lo llevan ellos.
- Tengo a alguien para presentarte, dile a tu mujer que tienes mucho trabajo y vente conmigo. ¿Qué te va a pasar por una vez?

O un compañero en la universidad o en la escuela que te ha dicho:

> «Los espíritus mediocres condenan generalmente todo aquello que no está a su alcance.»
>
> François de la Rochefoucauld

- ¿Para qué vas a estudiar más, si con un cinco es suficiente?
- Conozco a alguien que nos puede conseguir el diploma.

- No te preocupes, yo sé de alguien que, apenas tengamos el diploma, nos hará entrar.

Mediocridad, mediocridad, mediocridad. Todo esto hace referencia a relaciones interpersonales con calidad «menos cero», a mandatos imperativos o explícitos que rigen nuestras conductas y nos hacen errar el blanco.

Vives en el eterno letargo, sin hacerle mal a nadie, sólo a ti mismo.

Nuestra mente «graba» todo lo que se nos dice, pero también todo lo que no se nos dice, se llena de vacíos; y así es como vivimos, o mejor dicho sobrevivimos, con creencias erróneas que asumimos e incorporamos como verdaderas.

> «Se ha hecho una virtud de la moderación para limitar la ambición de los grandes hombres y consolar a los mediocres de su poca suerte y escaso mérito.»
>
> **François de la Rochefoucauld**

Limitarte es una manera de morir, de decrecer, de aplastarse y de sumergirte en una monotonía y en una rutina que no tiene desafíos ni éxito. Unirte a gente mediocre es unirte a gente tóxica, sin darte cuenta de que el aire viciado entra por tus poros y te enferma.

Tal vez muchas veces te han preguntado: «¿Por qué algunos alcanzan el éxito y su nombre es reconocido en todo el mundo y otros pasan desapercibidos aun dentro de sus propias fronteras?»

«El milagro no es que hagamos un determinado trabajo, sino que estemos contentos de hacerlo», decía la madre Teresa de Calcuta.

Mi respuesta es que mientras unos se conforman con lo que alcanzaron, los

> «Los títulos diferencian a los mediocres, embarazan a los superiores y son desprestigiados por los inferiores.»
>
> **George Bernard Shaw**

«exitosos» se dispusieron a correr la *milla extra*, a trabajar no para su jefe, sino para su propio aprendizaje, y se perfeccionaron para que, una vez preparados, pudieran ser promovidos a un nuevo nivel de liderazgo y de éxito.

Thomas Watson, el fundador de IBM, decía: «Si quiere usted alcanzar la excelencia, puede lograrlo hoy mismo. A partir de este segundo, no haga ningún trabajo que no sea excelente.»

4. RELACIONES, CONEXIONES, EN FIN: RESULTADOS

> «Los seres más mediocres pueden ser grandes sólo por lo que destruyen.»
>
> **André Maurois**

¿Con quién estás caminando hoy? ¿Con quién estás compartiendo tus almuerzos, tus salidas, tu tiempo? De la calidad de las relaciones que establezcamos dependerá directamente el nivel de éxito que experimentemos.

El escritor Tom Peters nos da la siguiente estadística: «Cuarenta y ocho semanas de trabajo al año dan, quitando fiestas, 225 oportunidades para establecer relaciones al mediodía. Sería inteligente por su parte que calculase su porcentaje de éxitos poniendo como denominador 225 (o 450: el desayuno es un mercado en alza). Aunque tenga que tomar un antiácido o acudir más al gimnasio, no desperdicie la oportunidad que representan estas comidas.»*

Muchos de los esfuerzos y las energías de que disponemos para encarar un proyecto se derrumbarán si nos aliamos a personas inadecuadas o tóxicas. Habrá quienes se propon-

---

* PETERS, Tom, *210 ideas para ascender y sobresalir. En busca del boom*, Deusto.

drán amargarte la vida y otras que serán tus mentores y te ayudarán a subir un escalón más. ¡No te ates a la mediocridad, no pactes con nadie, sólo contigo mismo!

> «La vida es muy peligrosa. No por las personas que hacen el mal, sino por las que se sientan a ver lo que pasa.»
>
> Albert Einstein

Analiza tus relaciones: ¿quiénes te han estado acompañando hasta hoy?

- ¿Has avanzado?
- ¿Te has estancado?
- ¿Qué logros has adquirido?
- ¿Has ganado oportunidades o perdido beneficios que ya habías adquirido?

> «Sólo una persona mediocre está siempre en su mejor momento.»
>
> William Somerset Maugham

¿El balance es positivo o negativo?

Durante años nos dispusimos a sobrevivir, nos subimos a la máquina todos los días y desde allí avanzamos sin discernir la calidad de relaciones que a diario íbamos estableciendo y el efecto que estas mismas producían.

¿Cuántas veces establecimos pactos, sociedades o convenios que nos paralizaron?

Charles Handy dice: «No todo el mundo va a optar por experimentar con su propia vida. Es demasiado arriesgado. Resulta triste, porque entonces estamos condenados a vivir en cajas que nosotros mismos nos hemos fabricado o que hemos permitido que otros fabriquen para nosotros.»

Tal vez, las relaciones interpersonales que hoy tienes interfieren en el resultado de tus objetivos. Esto no implica necesariamente que las personas en cuestión tengan malas intenciones, sino que llegaron a un tope y allí decidieron quedarse, permanecer seguras y tranquilas en lugar de seguir soñando. Pero recuerda: ¡ésa no es nuestra naturaleza!

Los científicos afirman que una persona media elabora al día setenta mil pensamientos; si decidiéramos ejecutar tan sólo uno o dos por día, ¿te imaginas los resultados que obtendríamos? Confía en tu instinto y no te detengas. Si te equivocas, levántate y sigue.

Kevin Nelly dice: «Respeta tus errores. Un truco sólo da resultado durante cierto tiempo, hasta que todos los demás aprenden a hacerlo. Para avanzar se necesita un nuevo juego.»

¿Qué decidirás ser hoy? ¿Un ganador o un mediocre, un conformista? Dependerá de ti.

¿Quiénes aceptarás que te acompañen en este nuevo proceso? Dependerá de ti.

¿Quiénes formarán parte de tu red de relaciones interpersonales? Dependerá de ti.

En cualquier trabajo, *«la diferencia entre ser grande o ser mediocre y miserable estriba en poseer o no la imaginación y el entusiasmo para re-crearse uno mismo todos los días.»**

Tenemos por delante una gran tarea: transformar nuestra red de relaciones interpersonales, alejarnos de aquellos que son tóxicos y sumar a los que tienen una mente abierta al cambio, a la superación y a la mejora continua. Cuanto mayor sea tu red de relaciones, cuantas más personas conozcas, más poder e influencias irás acumulando a tu favor y servicio para todo lo que te propongas en la vida.

Tom Peters nos enseña cómo mejorar y aumentar nuestra red de relaciones interpersonales con ciertos consejos que atraerán beneficios para nuestros objetivos:

* Ibídem, p.13.

- Acude a las fiestas.
- No desperdicies una sola comida sin compañía: 48 semanas de trabajo al año dan, quitando fiestas, 225 oportunidades para establecer relaciones al mediodía.
- Utiliza el teléfono.
- Estudia hasta el último extremo todo lo referente a tus relaciones.
- Gana credibilidad «desde fuera hacia dentro» evitando así el politiqueo interno: hazte tan indispensable para los de fuera, que los de dentro no puedan atreverse a tocarte ni con guantes.
- Gana credibilidad sobre el terreno.
- Las personas huelen el compromiso personal (o la falta de él) desde una milla de distancia.
- Devuelve las llamadas lo antes posible.
- Vístete para ganar.*

Estás capacitado para revertir cualquier situación, romper con la mediocridad y ser el profesional, el hombre o la mujer exitosa que está dentro de ti.

D. K. Harman escribió: «A través de la historia, los cambios realmente fundamentales en las sociedades no han tenido lugar por imposición de los gobiernos ni como resultado de las batallas, sino a través del cambio de mentalidad, en ocasiones sólo un cambio ínfimo, de un gran número de personas.»

Y ese cambio, ¡puedes hacerlo tú!

4. Ibidem, pp. 36-39.

5. ¡ES HORA DE LEVANTARSE!

Durante años hemos aceptado todo cuanto se nos ha dicho como si se tratase de verdades absolutas, y hemos rechazado lo que a «los otros» les funcionaba y los colocaba en lugares de poder y liderazgo.

Hoy, en busca de maximizar lo que hemos estudiado, aprendemos que la verdad es aquella que nos lleva a los resultados extraordinarios, a estrategias que nos acercan a la meta y nos motivan a un compromiso de alcanzar mayores logros. La lucha no es por tener razón, sino por mejorar nuestra calidad de vida.

Podemos quebrar la mediocridad y el conformismo, ¡sí, disfrutar lo que hemos alcanzado!, y luego ir a por mucho más.

Proponte nuevas metas y ¡cúmplelas!

- Haz todo con mayor calidad y eficiencia.
- Sé puntual en tus reuniones y en todo lo que hagas.
- Conviértete en tu propio jefe y evalúa tus resultados.
- Cuida los detalles, incluido tu aseo personal.
- No pierdas tiempo en tratar de demostrar tus opiniones.
- Crea, renuévate cada día.
- No sigas a la manada.
- Visualiza tu sueño completo, dibújate dentro de él mismo y no te detengas hasta alcanzarlo.
- No seas perfeccionista, sé excelente.
- No te corrompas.

Saul Alinsky escribió: «El que teme a la corrupción, teme a la vida.» Lo que nos aconseja es que forcemos los límites: «Cuando uno entra en la pelea con vigoroso entusiasmo es posible que viole las quisquillosas normas del poder establecido y provoque su cólera. (Dígame el nombre de un auténtico reformador que no haya estado en la cárcel. Yo no sé de ninguno.)»

- Dale siempre una vuelta de tuerca a las circunstancias, pregúntate: ¿cómo lo haría él? ¿Y si yo también lo intentara así?
- Sé agradecido.
- Sé responsable.
- Pregúntate: ¿con qué lente estoy mirando mi vida? «No vemos las cosas tal y como son; las vemos tal y como somos.»

Desde esta nueva posición, la visión que elaboremos de los hechos cambiará, podremos refutar lo que no nos sirve y avanzar hacia lo nuevo. Desde este lugar, la mejor gente y las mejores relaciones se acercarán a tu vida.

Bernard Shaw decía: «Las personas siempre achacan la culpa de lo que son a las circunstancias. Yo no creo en las circunstancias. Los que salen adelante en este mundo son personas no conformistas, que buscan las circunstancias que ellas desean, y cuando no las encuentran, las crean.»

Tu ADN dice: «Nacido para triunfar.» Hazte ver, no eres mediocre, ¡eres un campeón!

6. «VAMOS A POR MÁS»

Aceptarnos a nosotros mismos nos posicionará como personas habilidosas. Y es esta misma aceptación la que nos capacitará para ser personas eficaces, dispuestas a mejorar continuamente.

Aceptarse a uno mismo es felicitarse, cuidarse y respetarse. Todo lo que necesitas para triunfar está dentro de ti. Tus emociones te pertenecen: dependerá de ti ser el generador de cada logro que alcances. Toma la determinación de ser el hombre o la mujer que quieres ser. No esperes que los otros cambien para que puedan acompañarte en el camino de tus sueños, comienza a moverte tú primero; si te siguen, ¡mejor!, de lo contrario nadie podrá robarte el placer y la felicidad que se siente al haber alcanzado todo lo que te has propuesto, por tus propios medios. Eres el dueño de tu mente, de tu cuerpo y de tus emociones, no el inquilino.

Renueva tu mirada interior y proyéctate hacia lo que quieres ser.

John Milton expresó: «La mente tiene su propio lugar, y en sí misma puede convertir el infierno en cielo, o el cielo en infierno.» Genera cambios. Deja todo aquello que vienes haciendo y que hasta hoy no te ha dado resultados y ya no te sirve.

Es tiempo de que comiences a darle valor a tu vida, a tus afectos, a tus pasiones, a tus metas, a tus sueños. Los cambios los realizan las personas efectivas, audaces, y con mente exitosa. Poner límites a todo lo que nos frena no es una opción, es un derecho. Dentro de ti hay un potencial y un poder que aún no sabes todo lo que es capaz de generar.

Es tiempo de hacer lo que hay que hacer; no es tiempo de preguntarse: ¿estará bien o estará mal? ¿Qué hago? ¿Qué van a pensar de mí?

No busques la seguridad ni la felicidad en fuentes equivocadas o fuera de ti. Comienza cada mañana por renunciar a la mediocridad, por darte importancia. Valorarte implica darte un lugar y colocar tus metas en el sitio de prioridad.

Es tiempo de nacer, de crecer y de triunfar. Tienes el potencial y la vida que necesitas para lograrlo, ¡no los desperdicies ni se lo regales a nadie!

Y recuerda: la carrera es de los valientes, no de los mediocres. La vida la conquistan los que se animan y le dan pelea.

8

EL CHISMOSO

> Te lo digo porque lo sé de muy buena fuente.
>
> UN COMPAÑERO DE OFICINA A OTRO

1. CHISME VA, CHISME VIENE

«¿Te has enterado de que la secretaria se ha acostado con el chico nuevo que entró hace un mes?»

«Yo sé de buena fuente que los de abajo venden droga.»

«¿Has visto que la de al lado, la de la segunda puerta, tiene un novio nuevo?»

¿Te suenan estas frases? Seguro que sí. Se trata de los chismes, los chismes destructores de vidas, chismes de pasillo, de trabajo, de vecindarios, de ejecutivos, de iglesias. Hay chismes que han terminado con familias enteras, chismes que han producido peleas, batallas, rivalidades. ¿Cuántas personas conoces o has conocido para las que el chisme es su actividad favorita? El chisme es el deporte oral más antiguo que se conoce: aun antes de la escritura, el «de boca en boca» era hace muchísimos años la forma que se utilizaba para transmitir los mensajes.

«Si a las armas las carga el diablo, las municiones las esconde en la boca», dice el Libro de Proverbios. El chisme seduce, hipnotiza, fascina, atrae, encandila y también destruye.

Ahora bien, ¿quiénes son los que dan vida y autoridad o poder a las habladurías?

Los rumores se mantienen vivos porque la gente cree en ellos. Cada rumor tiene su mercado: hay personas a las que les encanta chismear sobre temas del trabajo, ya sea de sueldo, de horario o de uniformes; se trata de ese tipo de gente que sabe hasta las veces que te has levantado de la silla y el tiempo que has tomado para descansar. El rumor es una información difundida sin verificación oficial, es decir, una explicación no confirmada de los acontecimientos. Cuando uno habla de aquello cuya fuente original no ha confirmado, se transforma, no en un comunicador, sino en un cómplice del chisme, en un chismoso. ¿Chismoso yo? Sí, has oído bien, chismoso tú. Es tan chismoso el que lo «vende» como el que lo «compra». El chisme nace de una voz que casi nunca se puede identificar. Pero esto no es lo importante, ya que el rumor es siempre una construcción grupal que surge de forma espontánea y sin planificación. Todos los que participan o comentan el rumor son sus constructores, puesto que cada uno aporta algo, como en el juego del teléfono roto.

> «Un chisme es como una avispa; si no puedes matarla al primer golpe, mejor no te metas con ella.»
> George Bernard Shaw

«Las palabras del chismoso son como bocados suaves que penetran hasta las entrañas», dice Salomón en el Libro de los Proverbios.

2. DIMES Y DIRETES, CHISMES Y RUMORES

Todos captamos lo que sucede en el mundo exterior por medio de nuestra percepción. En realidad, es imposible decodificar un hecho que hemos visto o escuchado de forma total y absolutamente objetiva. Nuestra percepción selecciona elementos y los interpreta. Pero claro, nuestra percepción no es infalible: por eso, muchas veces nos da una información falsa, distorsionada, y nosotros la tomamos como verdadera. En este sentido, los rumores pueden nacer de la mala interpretación de un mensaje.

Buscar al responsable primario del rumor no tiene sentido, ya que lo importante es admitir que es uno mismo quien ha creído el rumor y se ha equivocado al comentarlo. Siempre que nos proponemos buscar «al malvado que dijo eso» perdemos de vista que nosotros también somos responsables (aunque evitemos admitir nuestra propia participación). Aquellos que siguen hablando del chisme después de haberlo escuchado son tan responsables como su autor. Es uno mismo quien, al creerlo o al comentárselo a otro, lo difunde.

> «No todos repiten los chismes que oyen. Algunos los mejoran.»
>
> **Anónimo**

En todo rumor hay tres leyes:

- **La ley de reducción:** El rumor tiende a acortarse y a hacerse cada vez más conciso. Los detalles desaparecen y se reducen en su extensión.

- **La ley de acentuación:** Es la que implica la percepción, retención y narración selectiva de un número de pormenores dentro de un contexto. Se enfatizan ciertos detalles y otros se dejan de lado. En todo rumor hay exageración.

- **La ley de asimilación:** Las personas «ordenan» el rumor dándole «buena forma». Le agregan pequeños detalles que le dan más consistencia y veracidad al relato.

Veamos el siguiente ejemplo:

1. Del director general al gerente:

«El próximo viernes, alrededor de las cinco de la tarde, aparecerá el cometa Halley en esta zona. Se trata de un evento que ocurre cada setenta y ocho años; por favor, reúna a los trabajadores en el patio de la fábrica con cascos de seguridad, que allí les explicaré el fenómeno. Si estuviera lloviendo, no podremos ver este raro espectáculo a ojo descubierto. En ese caso, todos deben dirigirse al comedor donde se exhibirá un documental sobre el cometa Halley.»

2. Del gerente al director de recursos humanos:

«Por orden del director general, el viernes a las cinco de la tarde aparecerá sobre la fábrica, si llueve, el cometa Halley. Reúna a todo el personal con cascos de seguridad y llévelos al comedor, donde tendrá lugar un raro fenómeno que sucede cada setenta y ocho años a ojo desnudo.»

3. Del director de recursos humanos al jefe de personal:

«A solicitud del director general, el científico Halley, de setenta y ocho años, aparecerá desnudo en el comedor de la fábrica el próximo viernes a las cinco de la tarde, usando casco de seguridad, pues será presentado un documental sobre el problema de la lluvia y el director hará la demostración en el patio de la fábrica.»

4. Del jefe de personal al jefe de turno:

«El viernes a las cinco de la tarde el director, por primera vez en setenta y ocho años, aparecerá en el comedor para filmar el documental "Halley Desnudo", junto al famoso científico y su equipo. Todos deben presentarse con cascos de seguridad, porque el documental tratará sobre la seguridad en condiciones de lluvia.»

5. Del jefe de turno al jefe de brigada:

«Todo el mundo, sin excepción, debe presentarse desnudo con los zapatos de seguridad de la fábrica, en el patio de la misma, este viernes a las cinco de la tarde. El director vendrá acompañado de Halley, un artista muy famoso y de su grupo, que mostrará el documental "Bailando bajo la lluvia". En caso de que llueva de verdad, hay que ir al comedor usando cascos de seguridad. Esto ocurre cada setenta y ocho años.»

6. Aviso en el mural:

«El viernes el director general cumple setenta y ocho años, por lo cual se invita a todo el mundo a la fiesta que tendrá lugar en el comedor a las cinco de la tarde, con el grupo Halley y sus Cometas. Todos deben ir en cueros y usando zapatos de seguridad porque lloverá y habrá un lío en el patio de la fábrica.»

Como vemos, el rumor comienza cuando alguien da crédito a una información y la considera lo bastante importante como para compartirla con otras personas. La fuente del rumor no es la oficial o la original; justamente, un rumor existe cuando circula información no ofrecida por las fuentes oficiales. Por eso se suele decir: «Te lo digo de buena fuente», afirmando que es veraz todo lo que se está comunicando. O tal vez te digan: «¿Sabes qué? He oído que...», por lo cual si tienes la impresión de estar escuchando un rumor ten en cuenta la forma en que suelen originarse.

Quien difunde un rumor suele decir que éste es «de

buena fuente». El que transmite el chisme jamás es neutral, siempre trata de convencer, de lo contrario no haría ese comentario a quien no corresponde. También es posible que oigas cosas como «se dice que» o «yo no lo creo, sabes cómo son los chismes, pero parece que esta chica, la nueva que ha entrado...».

3. TIPOS DE RUMORES

Hay diferentes tipos de rumores, para todos los gustos y oficios. Nadie queda libre de estar en la boca del chismoso. Hables o no hables, hagas o no hagas, el chismoso siempre tendrá algo para cambiar, modificar o alterar en relación a la información, y si no lo tiene, es capaz de inventarlo. ¡Se trata de gente con gran poder de imaginación!

Hay varios tipos de rumores:

- **Rumores sigilosos:** Son los que toman cuerpo lentamente.
- **Rumores impetuosos:** Son los que se extienden como pólvora. Generalmente éstos son más frecuentes en las oficinas, en los equipos deportivos y entre parientes. La velocidad a la que van es sorprendente. La clave es transmitir información con rapidez, ya que si no, con el tiempo, pierde su poder de seducción. Los chismes viejos no interesan tanto como los frescos.
- **Rumores «sumergibles»:** Son los que aparecen y se extinguen periódicamente.

El chismoso trata de agradar al otro e intenta tener cómplices alternativos. Un día habla del que está a la derecha y se lo cuenta al de la izquierda, y viceversa; así es como funciona.

Todo el tiempo está buscando el placer de ser escuchado atentamente, tratando de encontrar prestigio y aliados, por eso comenta las noticias que le llegan. Y como no tolera hablar de sí

> «El chisme es un noticiario hablado, portable y primitivo. Es una noticia, y, como tal, no está obligado a ser cierto.»
>
> **Ramón Escobar Salom**

mismo, conoce la vida de todos pero nadie sabe nada de la suya; lo que busca es hablar de otros. Los chismosos son personas que no toleran el silencio, por eso es importante para ellos hablar de algo (y qué mejor, piensa, que hablar de otros). El chisme es también una forma de liberar la agresividad reprimida.

4. PONIENDO FRENO A LO QUE NOS LASTIMA

Todos los rumores mueren en algún momento, pero mientras se propagan pueden mortificar a muchas personas. Aprendamos a ponerles límite y no permitamos que sigan haciendo estragos. Frente a ellos tomemos actitudes positivas que nos permitan desintoxicarnos y librarnos de ellos y de sus comunicadores.

Esto es lo que podemos hacer:

- No creer lo que nos dicen ni seguir comentándolo, a menos que sea la fuente original u oficial quien nos lo transmita.
- Buscar el error de la información; detectar los elementos burdos o sin sentido.
- Explicar por qué la gente cree en los rumores.
- Volver a la credibilidad de las fuentes oficiales. Frente a cualquier duda, consultar con ellas. Si deseamos

acabar con el rumor hay que hablar con la autoridad o la fuente con quien está relacionado el chisme.

- Evitar la ociosidad, que propicia la concentración de chismosos. Las personas que se centran en sus objetivos y en su propósito no tienen tiempo de estar rumoreando.
- Tengamos en cuenta que hay ciertas noticias que es preferible comunicar por escrito.
- Advertir acerca de las consecuencias y las secuelas que dejan los chismes.
- No ser defensores de «los otros» ni «carteros»; si alguien nos comenta algo acerca de otro, no debemos ir a decírselo, sino alentar a quien nos habla a que vaya él mismo a decírselo.
- Ofrecer, constantemente, información lo más exacta posible.
- Dar rápidamente las noticias (antes de que circulen como chismes) y tratar de que lleguen a todo el mundo.

Y algo más: si ladran, hablan, rumorean, ¡es porque algo estás haciendo! De lo contrario, serías indiferente para la multitud. Tu identidad es una roca, ni un chisme ni un rumor podrán destruirla. «Por nuestros frutos seremos conocidos», dice la Biblia. Tú sigue cosechando, sembrando y no te detengas a escuchar lo que los otros tienen ganas de decir.

Si te detienes a dar explicaciones o a tratar de entender los rumores, te desviarás de tu objetivo.

Los rumores no te quitarán la felicidad ni el sueño. Sólo tú podrás darles vida si les prestas más atención de la que se merecen. Tu felicidad y todo lo que te propongas no depende de lo que los demás tengan para decir, sino de lo que tú estás dispuesto a hacer con el rumor.

¡No te envenenes! Desintoxícate y sigue adelante.

9

EL JEFE AUTORITARIO

> Esto es así o así, y si no te gusta, ahí está la puerta.
>
> UN SUPERVISOR A SU SUBORDINADO

1. LOS UNOS Y LOS OTROS

Es muy común, en épocas como la actual, que las relaciones de poder jefe-empleado no sean del todo agradables, y que la mayoría de las veces los objetivos propuestos no puedan llevarse a cabo dadas las constantes disputas que se establecen entre ambos. Unos, los jefes, se sienten con pleno derecho de usar el poder con autoritarismo, mientras que los otros, los empleados, obedecen por temor. Los que están en posición de poder suelen confundir con «servilismo», «servicio o trabajo o acuerdo entre dos partes».

Basados en el temor del empleado a perder el trabajo o en su necesidad de tener un sueldo «sí o sí», este estilo de jefes recurren al autoritarismo con el fin de sacar ventaja de su posición y lograr que su voluntad sea cumplida sin ser cuestionada ni objetada.

Este tipo de líder busca el logro permanente de sus objetivos prescindiendo del pensamiento en equipo, de la búsqueda de superación y el beneficio para todos.

En este capítulo veremos las diferencias que existen entre:

- Autoridad y autoritarismo.
- Ser un jefe con excelencia y un jefe del montón.

2. AUTORIDAD O AUTORITARISMO

En este punto estableceremos claramente la diferencia entre autoridad y autoritarismo sólo en el área laboral para poder entender de una manera mejor cuáles son los deberes y derechos de jefes y subordinados.

El lugar del jefe es un lugar anhelado, deseado, pero también permanentemente cuestionado y observado.

Al jefe se le cuestiona la cantidad de horas que trabaja, si toma café o no, el modo en que solicita el trabajo, los límites que establece, etc. Sea buen o mal jefe, la mayoría de las vece, será criticado.

«Trata de poner en la obediencia tanta dignidad como en el mandar.»
Chauvilliers

Al que desempeña el papel de empleado también se lo observa: se evalúa su puntualidad, higiene, orden, eficacia, rapidez, desenvolvimiento, interés, respeto y otros ítems de acuerdo con la empresa en la que se encuentre. Es cierto también que la mayoría de las veces nos enojamos cuando recibimos una observación, y no podemos tomarla como tal sino como un reto o un enojo.

Lo cierto es que en una relación laboral, el que ocupa una

posición de liderato tiene la autoridad para hacerte saber de una forma correcta y adecuada lo que espera de ti en tu tarea. Éste es, justamente, su derecho, su autoridad: el poder o la facultad de pedir, reclamar,

> «Lo peor es educar por métodos basados en el temor, la fuerza, la autoridad, porque se destruye la sinceridad y la confianza, y sólo se consigue una falsa sumisión.»
>
> Albert Einstein

solicitar, felicitar, premiar al otro de quien se está esperando que realice un trabajo.

Esta autoridad es ejercida con pleno derecho, siempre y cuando no derive en autoritarismo, malos tratos o manipulación por parte del jefe.

El autoritarismo, justamente, consiste en el abuso de esa autoridad; es el poder que traspasa los límites naturales que debieran existir en toda relación laboral.

Por lo tanto, y en este orden de ideas, un jefe autoritario no guía, sino que hostiga. No logra que su equipo obedezca voluntariamente, sino que obtiene el control imponiendo su autoridad, inspirando temor en lugar de confianza, transformando el trabajo en una carga pesada en lugar de presentarlo como un proyecto interesante, motivador y beneficioso para todos.

Ahora bien, la posición de liderato, ¿es permanente e irrevocable?

> «¡Triste época la nuestra! Es más fácil desintegrar un átomo que un prejuicio.»
>
> Albert Einstein

La respuesta es no. El liderato, si no va acompañado de un continuo aprendizaje, puede convertirse en un liderato ineficaz, lo que termina generando un conjunto de personas acéfalas de dirección y de guía.

Veamos algunas razones que explican por qué algunos líderes «caen» o cesan en sus funciones abruptamente:

- Por ser personas descalificadoras: creen que llegar a su puesto las habilita para mandar y, en la primera oportunidad que tienen, lastiman, descalifican y maltratan a sus empleados.
- Por ser soberbios: ellos son los únicos que siempre lo saben todo y tienen la última palabra. Son jefes que esperan respuestas sin antes haber solicitado el trabajo. Piensan: «El otro ya tiene que saber cuál es su función.» ¡Falso! Todo lo que se necesita debe ser pedido en tiempo y forma.
- Porque tienen miedo: creen que todo el mundo les quiere quitar el puesto, y entonces guardan información y, en vez de dar a conocer el conocimiento y la experiencia que lograron, guardan con llave lo adquirido sin saber que, en algún momento, lo que se guarda y no se utiliza se llena de moho y termina perdiéndose.

Todas estas características se pueden modificar si tu aspiración es ser jefe de un equipo que alcance metas y *resultados extraordinarios*.

Sea cual sea la situación, con buen tono y con una actitud positiva de ambas partes, todo puede ser solucionado; sólo hay que otorgarle al otro la oportunidad. Muchos intentan durante años ser jefes, gerentes, supervisores, pero una vez que «llegan», fallan porque no saben qué hacer. El sueño fue más grande que su capacidad. Si tu anhelo es ser promovido en tu cargo o posición, prepárate para que cuando llegue la oportunidad te sientas apto para la función que te corresponda ejecutar.

Perfecciónate, mejórate, supérate día a día. Dentro de ti está la capacidad de liderato que necesita el mundo. Hoy tienes que preguntarte para qué quieres llegar a ese puesto y qué es lo que vas a hacer una vez que lo alcances.

Para que el sueño no sea más grande que tu capacidad y te aplaste, prepárate y fórmate antes. La pregunta que debes hacerte es: «¿Por qué anhelo ese cargo?»

- ¿Para sumar un nombramiento más?
- ¿Porque me seduce el lugar de poder?
- ¿Por crecimiento profesional o el aumento de sueldo?
- ¿Para descargar toda mi frustración y mi ira en los otros?
- ¿Para que otros padezcan en carne propia lo que yo he pasado?

O...

- Para explotar aún más todo ese potencial ilimitado que tengo y ayudar a otros a ganar la carrera, para que todos en algún momento puedan decir: «He luchado, me he equivocado, me he levantado y hoy estoy aquí, en la línea de llegada.»

¿Cuál es tu motivación?

Si tu anhelo es ser este último tipo de jefe, necesitarás implementar algunos cambios en tu mente y en tus propósitos:

- **Ten mentalidad de dueño.** ¿Sabes cuál es la mentalidad de dueño? La que te lleva a cuidar las cosas como si fuesen tuyas: cada aspecto, cada céntimo será fundamental también para ti. Dueño es aquel que se ocupa de que los que están a su alrededor den lo mejor de ellos para ellos mismos y para el equipo.

Trabajando para la mejora continua de todos, estarás creando valor no sólo para tu empresa sino para ti mismo.

Al tomar una decisión piensa: «¿Estoy creando valor para mi empresa o trabajo?» Esta manera de actuar te hará una persona digna de confianza, responsable, trabajadora, y con un liderato suficiente para ser jefe.

Siente que tu trabajo te pertenece y cuídalo. Tu jefe se sentirá impactado por tu manera de actuar y verá que aunque hoy aún no eres jefe, ya tienes la mentalidad formada para serlo.

Mentalidad de dueño es sentir que todo es tuyo o que lo cuidas como si lo fuera. Quizás hoy pienses: ¿valdrá la pena? ¡Claro que vale la pena! Estás sembrando para tu futuro. Es posible que pienses que nadie ve ni valora todo lo que hoy estás haciendo, pero sólo es una mera apreciación personal. Tú crees que nadie te ve, pero ellos, los que tienen que aprobarte, te están observando, aunque no te des cuenta.

> «Todos los hombres nacen iguales, pero es la última vez que lo son.»
>
> **Abraham Lincoln**

Trabaja como si ya fueses el jefe; de esta manera, los que tienen poder de decisión se impactaran y tus acciones te habrán servido de trampolín para promocionarte a una nueva posición. Planifica con tiempo tu perfeccionamiento, diseña las estrategias a seguir para alcanzar tu propósito. Cambia tu manera de pensar, pasa del «no puedo tener mi empresa», del «no puedo capacitarme» al «todo es posible, sólo tengo que decidirme a hacerlo». Un líder es una persona que tiene visión y sueños, y su misma visión genera el engranaje que se necesita para estar siempre motivado.

Un líder sabe adónde quiere llegar, no depende de sus sentimientos ni de sus estados de ánimo, sino que se apoya en su determinación, su objetivo y su eficacia. La autoestima te dice: «Me gusta»; la eficacia dice: «Yo sé que puedo.»

Un líder no trabaja ni se esfuerza en vano: sabe que su trabajo y su dedicación tendrá sí o sí una recompensa.

Guía de acciones para futuros líderes:

- **Mira y copia.** Busca un referente, alguien que hace lo mismo que tú, pero mejor. Imita lo bueno, no copies a los que te han enseñado mal, no cometas los mismos errores. Hay determinadas personas que están en tu entorno y te darán la clave para escalar un nivel más. Practica la fe. La fe en lo que eres capaz de hacer te permite acumular experiencia. Muchas veces nos va mal y, no es porque no somos capaces, sino porque nos falta experiencia. ¡Mantente atento! Habrá personas que aparecerán en tu vida y te darán la clave para ir al próximo nivel. ¡Deja que te enseñen!

- **Aspira a ser un experto.** Los que investigan las capacidades humanas dicen que para triunfar necesitamos abarcar sólo tres áreas y ser expertos en ellas. Lo que haces bien puede ser el trampolín que te lleve a hacer lo que te gusta y a convertirte en un experto. Desarrolla las áreas en las que has elegido ser el mejor y, sin competir, supera tu propio récord. Para ello, deberás ampliar tu horizonte, arriesgarte, ensancharte. Poseer las cosas siempre tiene un coste, pero estás llamado a ser el mejor profesional en lo que hagas. Amplía tu horizonte, arriésgate. Expande el sitio de tu tienda. Enójate con todo lo que te achica y te limita y extiéndete a lo grande. Busca referentes y aprende, acumula experiencias y conéctate con gente que te lleve un poco más allá. Ensancha tu visión. Quien lo consigue es la gente que llegará a la cima de la montaña. ¡Tú puedes!

- **Ten visión de grandeza.** Si en tu lugar de trabajo tienes visión de jefe aunque todavía no lo seas, podrás ver lo que otros no ven. «Embarázate» de tu visión: las mujeres, cuando están embarazadas, no ven al bebé hasta que nace, pero lo esperan, lo sueñan, lo anhelan, aguardan el día del nacimiento para abrazarlo. Así debe ser tu visión, como un embarazo, para que cuando «nazca» puedas abrazar fuerte ese sueño que anhelabas en tu corazón. La visión llegará a tu vida y tu fe se encargará de cumplirla. Visión es ver dentro lo que luego se verá fuera; es visualizar lo que otros no ven y oírlo antes de que suene. Tener visión es embarazarse del sueño, tal como la mujer embarazada que no ve al bebé pero sabe que está porque patea, se alimenta y crece. Si mantengo la visión, mi fe la hará realidad; porque fe es la convicción de lo que se espera. Si no espero, ¿para qué quiero fe? Esperar, esperanza y visión son lo mismo.

- **Gánate la autoridad**. Las cosas llegan a tu vida cuando las reclamas con autoridad, no con autoritarismo. Autoridad es poseer las cosas sin tenerlas. Todo lo creado en el mundo fue hecho para y por nosotros y pasará a nuestro poder cuando se lo ordenemos y actuemos para que esto se cumpla. Ejerce autoridad sobre el sueño que tienes, trabaja y proyéctate en él. Arranca de tu vida la timidez, la inseguridad, los aplausos mediocres, el conformismo; todo esto tiene que morir. Ejerce la autoridad con seguridad y convicción y todo lo que hayas soñado lo verás hecho realidad. El mundo dice que para ser hay que tener, pero tú ya eres un campeón. «El que es, ya puede ser; pero no tener, no habilita el no ser.» Cuando sabes quién eres, las cosas vienen solas. Todo lo que pidas debe tener un propósito. De repente, verás el comienzo de la nube como respuesta a lo que has anhelado durante años, ¡y la lluvia te va a empapar!

3. ¿Y YO POR QUÉ NO?

Hay muchas personas que no llegan a jefes por varios motivos:

- Creen que ser jefe es mandar: en la primera oportunidad en la que alguien los nombra jefes, utilizan su puesto para lastimar, descalificar y maltratar.
- Se la creen: la soberbia los inunda. Muchos son maravillosos hasta que llegan a una posición elevada u obtienen un aumento de sueldo; pero en el momento en que comienzan a tener personas a su cargo, nadie más les puede decir nada, ni están dispuestos a seguir aprendiendo. Tranquilo, esa gente tarde o temprano se cae.
- Tienen ataques de pánico: piensan que todo el mundo les quiere quitar el puesto. Entonces se enquistan en el cargo que han obtenido y dicen: «Bueno, ya está, lo he logrado, me ha costado años.» Son personas que tienen miedo de que otros puedan venir a arrebatarles lo que poseen, sin darse cuenta de que si no son capaces de relacionarse con los demás, de enseñar, crear y diseñar nuevos objetivos, el puesto lo perderán de todas maneras.

Muchos han aceptado durante años la frase: «Unos nacieron para mandar y otros, para obedecer.» ¡Falso! Todos tenemos la habilidad que necesitamos para obtener lo que soñamos. El tema es que nos mentimos a nosotros mismos diciéndonos:

- No puedo bajar de peso.
- No puedo formar una familia.
- No puedo tener mi propia empresa.

- No puedo estudiar.
- Nadie en mi familia lo ha logrado.

> «El hombre absurdo es aquel que no cambia jamás.»
> **Anónimo**

No dejes que tu mente te controle, ensíllala. Tú puedes lograr todo lo que te propongas. «Pon asiento al caballo», ordena tu cabeza, porque si no serás como una caballo salvaje. Y recuerda: el caballo corre, pero el hombre inventó el tren y le ganó la carrera.

Has nacido para ser jefe, para gobernar, para liderar, para formar tu propia empresa, para dirigir naciones; todo está dentro de ti. Libéralo. Tienes habilidad para ser jefe, gerente, profesional y todo lo que te propongas.

4. Ten un trabajo, no un empleo

Un empleo te da dinero, un trabajo te desarrolla. Muchas personas, en un empleo, hacen lo que no les gusta, pero esto debe ser transitorio.

> «Hay gente tan sumamente pobre que solamente tiene dinero.»
> **Anónimo**

Lo ideal es que trabajes porque te gusta, y que ese trabajo tenga que ver con tu vocación y con lo que amas.

Cuando haces lo que te gusta, no tiene horario de entrada ni de salida.

Conserva el empleo que te dará el dinero para abrir las puertas y llegar así al trabajo que es el ideal.

¡Pero cuidado! Antes de llegar tienes que tener planes.

Cuando un barco viaja, antes de salir sabe desde dónde va a zarpar, por qué ruta va a ir y adónde llegará. Cuando un avión despega, el piloto sabe por qué ruta volará; cuando un arquitecto planifica un edificio, tiene un anteproyecto y sabe cómo serán el terreno, las vigas y todo lo demás.

Debemos hacer planes para nuestro próximo gran momento: tener plan A, plan B, plan C, plan D.

Si te regalaran un millón de euros o recibieras un aumento tienes que decidir de antemano qué harás y que no con el dinero extra. Haz planes antes del ascenso, antes de tener ese cargo que tanto anhelas.

El problema es que no nos preparamos para el futuro.

«Si vas a la guerra, siéntate y planifica, no sea que tu enemigo esté mejor equipado y te destruya», dijo Jesús.

Prepárate anticipadamente. Estamos acostumbrados a la ley del mínimo esfuerzo, queremos el toque mágico, que Dios nos guíe, y esto no funciona: debemos anticiparnos, planificar.

Planifica, pero nunca te enamores de los planes; sé flexible, y si necesitas cambiarlos, hazlo. Documéntate, investiga y elige la mejor estrategia para alcanzar tus metas.

> «La diplomacia es el arte de conseguir que los demás hagan con gusto lo que uno desea que hagan.»
> Andrew Carnegie

Si quieres ser jefe, ten el protocolo listo. Si eres jefe y quieres ser dueño, tienes que tener «patente» de dueño antes.

Virtudes de un buen jefe:

- **Puntualidad:** Para jugar en las *ligas mayores* debes practicar la puntualidad desde ahora para que, cuando llegues a la gente que tiene el tiempo contado puedas funcionar con su mismo protocolo. Puntualidad, psicológicamente hablando, significa interés, demostrarle a la persona que estás interesado en estar con ella. Por el contrario, al llegar tarde se transmite el mensaje «no puedo ni administrar mi tiempo; por favor, no me des nada porque lo voy a echar a perder».

> «La audacia se adquiere conociendo el mundo, y la discreción, conociendo al hombre.»
>
> Angel Ganivet

• **Saber decir las cosas:** Muchas de las bendiciones que perdimos se extinguieron por no saber cómo decir las cosas. La gente no escucha sólo lo que decimos, sino cómo lo decimos, y para eso necesitas apelar al protocolo. La gente evalúa cómo se siente cuando oye lo que decimos. La sonrisa es un buen comienzo. Sonríe un poco más.

• **Tener una autoestima sólida:** «Siete vacas gordas, siete flacas.» Necesitas ser esa persona de confianza capaz de llevar una palabra de aliento y de sabiduría en tiempos difíciles.

Mucha gente que hoy está enferma logró grandes cosas pero no las puede disfrutar. Salomón dijo: «Hay gente que tiene de todo y no lo puede disfrutar.» Para capturar tu gran momento necesitas estar sano.

Lee esta historia:

Había un hombre que tenía una bolsa delante y otra detrás. Cuando le preguntaron: «¿Qué tienes ahí delante?», respondió: «Aquí, en esta bolsa, tengo las cosas malas que me han pasado, para recordarlas y analizarlas, y en esta otra bolsa, la bolsa de atrás, las cosas buenas que me han pasado y que, cada tanto, miro.» Otro hombre que también pasó con dos bolsas dijo, ante la misma pregunta, que en la bolsa de delante tenía las cosas buenas que le habían pasado para recordarlas y darle gracias a Dios, y en la bolsa de atrás, las cosas malas que cargaba con él. Finalmente, un tercer hombre, al ser consultado, respondió que en la bolsa de delante tenía todas las cosas buenas y en la de atrás, las cosas malas, pero el observador vio que la bolsa de atrás estaba vacía y entonces preguntó por qué, y el hombre de las bolsas respondió: «Es que rompí la bolsa de atrás y cuando tiro algo malo se cae.»

Tú eres lo suficientemente bueno para lograrlo. No mires hacia atrás, no vivas en el pasado; si nadie en tu familia lo ha logrado antes, tú sí puedes. Llénate de creencias positivas, de aprecio, de valor y de autodominio. Tú eres mucho más grande que el cargo que puedes llegar a ocupar. Siempre habrá dentro de ti potencial y potencia para mucho más.

Norman Vicent Peale, el pastor que fue el padre del «pensamiento positivo», llegó a China y se detuvo ante un negocio de tatuajes para ver uno que decía: «Nacido para perder.» Entonces preguntó si se tatuaban esa leyenda, y le respondieron que sí, a lo que replicó: «¿Cómo puede ser que se lo hagan?» Y el vendedor le respondió: «Antes de tatuar el cuerpo, la mente está tatuada.»

¡Llena tu mente de valor y de aprecio y todo lo que hagas te saldrá bien!

10

EL NEURÓTICO

> Si no os gusta como soy, cambiad vo-
> sotros.
>
> UN NEURÓTICO

1. PERSONALIDADES NEURÓTICAS

La pequeña Mary estaba en la playa con su madre, con quien mantuvo el siguiente diálogo:

—Mamá, ¿puedo jugar en la arena?

—No, mi vida; no quiero que te ensucies el vestido.

—¿Puedo andar cerca de la orilla?

—No. Te mojarías y podrías pescar un resfriado.

—¿Puedo jugar con los otros niños?

—No. Te perderías entre la gente.

—¡Mamá, cómprame un helado!

—No. Te haría daño a la garganta.

La pequeña Mary se echó a llorar. Y la madre, volviéndose hacia una señora que se encontraba a su lado, dijo: «¡Por todos los santos! ¿Ha visto usted qué niña tan neurótica?»

El término neurosis fue utilizado por primera vez por un médico escocés en el año 1777 para describir una serie de enfermedades emocionales. Pero fue Freud quien estableció y desarrolló el cuadro de la neurosis de una forma científica y sistemática, mostrando que este tipo de conductas tienen una etiología psíquica y no biológica, como se pensaba en aquellos tiempos. Veamos ahora algunas de estas alteraciones psicológicas, no sólo para ayudar a quienes las padecen, sino también para levantar una barrera delante de ellas y no permitir que nos terminen enfermando y destruyendo.

Los neuróticos manifiestan:

- **Necesidad de ser amados y aceptados:** el neurótico, esté donde esté, llamará constantemente la atención. Esto lo llevará a querer ocupar lugares de liderato, desde donde pueda ser el centro de las miradas ajenas, a la vez que buscará a un grupo de personas determinadas que lo reconozcan como líder o mentor. En la búsqueda frenética de satisfacer su necesidad de amor podrá tomar dos caminos:

> «No te jactes de ti mismo; que sean otros lo que te alaben.»
>
> **Proverbios 27:2**

  – dirá abiertamente que fue rechazado en el pasado y que necesita que lo ayuden, que lo amen, que lo alienten, que lo llamen;
  – expresará lo maravillosa que fue su niñez y sus padres exhibiendo una vida «falsamente perfecta».

- **Necesidad de reconocimiento:** este tipo de persona buscará agradar a todos cuantos se le acerquen. Su actitud paternalista hacia los demás se debe a que, de alguna manera, espera que actúen del mismo modo con él. Este «estar en todas» es el resultado de la búsqueda de reconocimiento para su persona.

- **Necesidad de poder y liderazgo:** ésta lo llevará a ponerse metas irreales que jamás podrá cumplir. Recurrirá para conseguirlas a la comparación con aquellos que tienen éxito, con el fin de ser como ellos. Los sentimientos de desvalorización que posee, el conflicto diario consigo mismo y la profunda soledad interior son tapados con la búsqueda de posición social.

> «Los que están siempre de vuelta de todo son los que no han ido nunca a ninguna parte.»
>
> **Antonio Machado**

- **Necesidad de independencia:** el neurótico es autosuficiente y, por lo tanto, es difícil que escuche el consejo de alguien, ya que no desea admitir que necesita a otro que puede saber más que él.

- **Necesidad de perfección:** los neuróticos buscan la perfección en todo lo que realizan y cuando no lo logran son presas de sus propias angustias y tensiones. Su intenso temor frente a las críticas y al error los llevan a pensar que, de no hacer sus tareas de forma casi perfecta, serán el hazmerreír de quienes los rodean y además serán abandonados por ellos.

En resumen, la persona neurótica es:

- Perfeccionista.
- Conflictiva.
- Agresiva.
- Culpógena.
- Inhibida.
- Inteligente.
- Extremista.

- Egoísta.
- Infantil.
- Pero, por sobre todas las cosas, el neurótico es un excelente jugador.

El egoísmo, la envidia, el chisme, la competencia, el deseo de ser admirado, etc., son mecanismos que utiliza para tapar su profunda inferioridad. En el neurótico no hubo ni hay un desarrollo de personalidad; por lo tanto, un sinónimo de neurosis es la inmadurez, inmadurez que se traslada a todas las áreas de la vida. La raíz de la neurosis se encuentra en la infancia del sujeto, en experiencias que no han sido resueltas y que lo llevan a desarrollar una serie de conflictos que marcarán una forma de actuar, de sentir y de ser.

> «Ser original, muy bien; pretender serlo, muy mal.»
>
> A. Chauvilliers

La angustia en estas personas es mayor a la angustia normal de cualquier otro sujeto. Su excesiva preocupación, ansiedad e inseguridad lo conducen a una sensación de angustia constante y exagerada, angustia que aparece en todos los órdenes de su vida. La persona neurótica no sólo vive angustiada por lo que dice y hace, sino también por lo que no dice y por lo que no hace.

La incertidumbre que lo acompaña suele generarle una serie de síntomas físicos (tales como ahogos, mareos, sudores, temblores, palpitaciones, dolor de pecho, etc.) que rompe con los parámetros normales de toda angustia.

Sabemos que la angustia es parte constitutiva del ser humano: todos nos angustiamos y hasta es bueno que sea así, ya que otra realidad implicaría un signo de enfermedad mental (como el psicópata, que jamás siente angustia, no importa lo que haya hecho o dicho). Sin embargo, el neurótico se va al otro extremo: vive angustiado, y frente al temor a sufrir el rechazo vivirá jugando y cumpliendo roles que lo asfixiarán dentro de su propia enfermedad.

Sólo si somos capaces de distinguir su accionar podremos ser libres de ellos y de sus artimañas.

2. ANTÓN, ANTÓN, ANTÓN PIRULERO, CADA CUAL ATIENDE SU JUEGO

Durante el día, sin darnos cuenta, muchos de nosotros recurrimos a diferentes recursos que hemos aprendido en nuestras casas y otros que hemos inventado y tienen nuestro nombre. Todos jugamos en diferentes momentos de nuestras vidas, distintos juegos neuróticos que varían de acuerdo al grado de neurosis que tengamos. Tú, ¿eres neurótico?

> «Vengándose, uno se iguala a su enemigo; perdonando, se muestra superior a él.»
>
> Francis Bacon

Muchas parejas viven jugando juegos muy particulares durante años sin estar dispuestas a cambiar la estructura de juego y de «vida» que vienen llevando a cabo. Cuanto más rígidos sean los participantes, menos querrán abandonar estas conductas; esa rigidez será la que nos dirá si su juego tiene éxito o no. Así es como la neurosis termina siendo un pasatiempo ejercido por veteranos que supieron encontrarle algún provecho.

Analicemos las características y los rasgos de estos juegos que son:

- Un poco inocentes.
- Rígidos.

- Repetitivos: siempre proporcionan los mismos resultados.
- Resistentes al cambio.

> «Ningún hombre es lo bastante bueno para gobernar a otros sin su consentimiento.»
>
> Abraham Lincoln

Quién no ha escuchado alguna vez de boca de un conocido o un amigo palabras de este tipo frente a una posible separación: «Si me dejas, me mato»; «Si no me das lo que te pido, me voy»; «Si me abandonas, te mato a ti y después me mato yo»; «Tú me tienes que dar lo que quiero».

O tal vez padeciste una neurosis mientras vivías con tus padres, y los mensajes repetitivos que recibías eran: «Yo dirijo tu vida»; «¿Adónde vas?»; «¡Cuéntame qué has hecho!»; «Dame todos los detalles, ¿a qué hora has llegado?»; «¿A qué hora te fuiste?»; «¿Por qué has tardado tanto?». En todos estos casos, el objetivo no era cuidar al otro, sino hacerse con el dominio y el control. La persona que ejecuta este juego neurótico tiene no sólo la llave de la casa, sino también de la vida del otro.

> «Traten a los demás tal y como quieren que ellos los traten a ustedes.»
>
> Lucas 6:31

El neurótico invade, controla, aglutina y asfixia permanentemente al otro. El mensaje es: «Sin mí no vives.»

Quizá no has vivido ninguno de los dos juegos anteriores, pero sí has oído o experimentado en algún momento este tipo de reclamo: «Yo quiero que me des...» (aparece el reclamo), y cuando la demanda ha sido satisfecha, la respuesta: «Sí, lo has hecho, pero no de manera espontánea, lo has hecho porque yo te lo he pedido.» Es como cuando las mujeres se quejan de que sus maridos no les regalan flores, y traducen y entienden la ausencia de ellas como un olvido o como falta de amor y de consideración. Llega un día en que la mujer quiere recibir esas flores sí o sí y entonces le transmite a su pareja el reclamo. El «malvado» cónyuge acusa recibo de la queja, la toma y al día siguiente, cuando vuelve del trabajo, compra las flores reclamadas, pensando que eso calmará el enojo de su mujer; sin embargo, al recibirlas, si ella es neurótica dirá cosas como:

- «Vale, pero has tardado mucho.»
- «Si yo no te lo hubiera dicho, nunca me las hubieras regalado.»
- «Ahora no vale, no es sincero.»
- «Estas flores no son espontáneas.»

Neurosis al fin, pero ¡alerta!, los hombres también tenemos nuestras neurosis. Cuando hemos obtenido lo que tanto deseamos y anhelamos ya no lo queremos más, porque sentimos que ahora, el tenerlo, no nos soluciona nada. La neurosis nos lleva a vivir en una continua insatisfacción. *Lo quiero pero no lo quiero*: hoy quiero comer carne, pero mañana, si tengo carne para comer, la neurosis me hará decir que la carne produce demasiado ácido úrico y que no es buena, y entonces el que está a nuestro lado y que no entiende qué es lo que estoy reclamando, dirá: «¿Qué te pasa? Hasta ayer decías que nunca comías carne y hoy quieres pescado.» Y sí, ¡así es la conducta contradictoria de un neurótico!

Otro de los juegos que hacemos a menudo los neuróticos es poner a un tercero en medio del conflicto: «Habla tú por mí, porque a mí me lastimaron», lo cual implica triangular con el otro, hacer que el otro asuma nuestra defensa para que nosotros podamos esconder la cabeza bajo tierra y no tomemos el control que requiere la situación.

También existen otro tipo de juegos y declaraciones muy comunes: «Tú tienes la culpa de todo», «Mi marido no me hace feliz», «Mi mujer no me sirve, no me reconoce», «Mis hijos están en contra de todo lo que yo digo», «Yo estoy bien así, que cambien ellos». De este modo, los otros serán quienes siempre tienen la culpa de todo lo que le pasa. El neurótico tratará de convencer a los demás de que él no tiene la culpa de ser como es y de lo que pasa, por eso pedirá a los otros que lo acepten tal cual es, y si no es así, que ellos sean los que cambien.

«El mundo me hizo mal», «Yo quiero cambiar pero los otros no me dejan» son frases típicas de quienes juegan a ser las permanentes víctimas; otras declaraciones que solemos escuchar de estas personas son: «Yo no tengo dinero, tú sí, entonces tienes que ayudarme, es tu obligación.» Y en vez de ser ellos mismos los generadores de soluciones de sus propios problemas, esperan que sean los demás quienes resuelvan sus conflictos.

Los neuróticos son personas que hoy están bien, y mañana están mal, que cambian de humor permanentemente, de manera tal que cuando tú te contagies de su mal humor, ellos se pondrán bien, estarán mejor y serán capaces de preguntarte: «¿Por qué tienes esa cara? ¿Qué te pasa?»

Otra forma de juego neurótico es el que juegan aquellos que todo el tiempo están peleando pero permanecen juntos; son capaces de decirse las cosas más terribles sin separarse. ¡Y que nadie se atreva a hablar mal del otro, excepto ellos!

Ahora bien, en estos casos, ¿cómo evitar que cada uno de ellos te vuelva loco contándote todo lo que le ha hecho el otro?

¡Son los eternos buscadores de ayuda, que lloran y lloran pero no hacen nada! Se quejan, se lamentan, pero lo dejan todo como está. La realidad es que no quieren perder el beneficio que les reporta la queja y la enfermedad. Cuando algo no nos da resultado, tratamos de cambiarlo, pero mientras obtengamos beneficios de lo que aparentemente queremos cambiar, vamos a seguir jugando el mismo juego una y otra vez.

La persona neurótica vivirá esperando escuchar lo que quiere escuchar; de lo contrario dirá: «Tú eres malo, tú no me quieres.» De una forma u otra, los neuróticos darán la vuelta a toda la información y la adaptarán a lo que ellos piensan, vivirán discutiendo pero nunca harán nada para salir de ese círculo de «beneficios» que les proporcionan la queja y la frustración.

Todas estas actitudes y juegos neuróticos nos llevan a formularnos algunas preguntas: ¿qué es lo que hace que un individuo quiera ser *el primero*? ¿Por qué algunos usan sus roles o sus cargos o sus galones (apellidos, años de antigüedad, dinero, etc.) para anhelar ejercer el poder y el control sobre los otros?

Sea cual sea el juego, en todos y cada uno de ellos está escondida la necesidad de dominio y de poder sobre las circunstancias.

Muchos sujetos que no han podido realizar sus ideales vocacionales o afectivos, tratan por todos los

> «Para el normal: 2+2=4
> Para el loco: 2+2=10
> Para el neurótico: 2+2=4, ¡pero qué rabia que me da!»

medios de recapturar el sentimiento de potencia, de dominio perdido y de control a través de sus conductas neuróticas. El sentimiento de inferioridad es una de las causas centrales en la búsqueda del poder; y no hay nada más humillante (psicológicamente hablando) que el sentimiento de impotencia, porque afirma que el «yo» no es lo que debería ser; así, el querer «ser el número uno» o «estar por encima de» es un pobre mecanismo con el cual se intenta tapar una profunda sensación de inferioridad. De ahí que no exista el llamado «complejo de superioridad» ya que representaría una débil compensación por la inferioridad sentida.

Bien dijo F. Perls:

- El loco dice: «Yo soy Benjamín Franklin.»
- El neurótico dice: «Me gustaría ser como Benjamín Franklin.»
- El normal dice: «Yo soy yo, y tú eres tú.»

Por todo esto, si pasas muchas horas de tu vida con gente así, ponles límites. No hagas lo que les corresponda hacer a ellos. Estos sujetos deben aprender a ser responsables de sus propios actos.

La persona neurótica necesitará crecer en cada área de su vida, y para ello requiere pautas que delimiten sus acciones y reglas que la ayuden a descubrir y a entender que ella tiene la capacidad dentro de sí misma para dirigir y controlar su propia vida.

3. Y EL QUE NO, UNA PRENDA TENDRÁ (¡FALSO!)

No vivas dentro del juego de nadie, vive en medio de tu vida y según los límites que tú mismo diseñes. Sé sabio, rompe con juegos y con conductas que sólo te mantienen atado y dependiente del otro. Aplica sabiduría, cambia lo que te lastima. La neurosis nos encierra y nos obliga a jugar el juego de los otros,

> «Conoce al enemigo, conócete a ti mismo y en cien batallas no correrás el menor peligro.»
>
> Chang Yu

pero si tú tienes claro que posees capacidad y habilidad para dejar de jugar, los beneficios y los objetivos que alcances serán mucho mayores.

Anímate una vez más a vivir sin máscaras, no te engañes más, puedes afrontar todo lo que te propongas y aún más, ¡revertirlo! Habrá un momento en el que ya ningún juego te traerá satisfacción y si no renuevas los desafíos, ¡otros van a dirigir tu vida!

Cada «no puedo» que digas será un límite mental que tú mismo te estarás poniendo para no tomar todo lo mejor que tienes delante.

Más allá de cada límite hay una bendición y cada vez que decimos «no puedo» la estamos perdiendo. No esperes pasivamente. La gente de iniciativa crea su futuro antes de que llegue. El libro de Eclesiastés dice: «Todo tiene su momento oportuno para lo que se hace bajo el cielo: un tiempo para nacer, y un tiempo para morir.»

Todo tiene su tiempo:

- (Acerca de las actividades productivas)... un tiempo para plantar y un tiempo para cosechar; un tiempo para matar y un tiempo para sanar; un tiempo para destruir y un tiempo para construir.
- (Acerca de las emociones)... un tiempo para llorar y un tiempo para reír; un tiempo para estar de luto y un tiempo para saltar de gusto.
- (Acerca de las relaciones)... un tiempo para esparcir piedras y un tiempo para recogerlas; un tiempo para abrazarse y un tiempo para despedirse.
- (Acerca de las posesiones)... un tiempo para intentar y un tiempo para desistir; un tiempo para guardar y un tiempo para desechar.
- (Acerca de la vida espiritual)... un tiempo para rasgar

y un tiempo para coser; un tiempo para callar y un tiempo para hablar con Dios; un tiempo para amar y un tiempo para odiar lo malo; un tiempo para la guerra y un tiempo para la paz.

Hay un tiempo para jugar y un tiempo para vivir.

Hoy es tiempo de vivir grandes sueños y de anhelar sueños aún mayores. Motívate y prepárate para el cambio. Las neurosis de los otros no cambian, pero la tuya sí, y lo que hagas con ella está en tus manos.

11

EL MANIPULADOR

> Ella, triste: «Me gustaría que me rega-
> laras flores.»
> Él, al día siguiente: «Mi amor, te he traí-
> do flores.»
> Ella, enojada: «Ahora no las quiero, no
> has sido espontáneo.»

1. ESTRATEGIAS DE UN MANIPULADOR

¿Te has sentido alguna vez obligado a dar información sobre asuntos privados a quien no tenías intención de contarle nada? ¿Te han pasado por alto, te han atropellado o te han quitado algo propio de una forma tan sutil que sentiste temor de confrontar a quien lo hizo? ¿Te está costando dar tu punto de vista y admitir que quieres cosas diferentes a las que te proponen? ¿Sueles dejar tus deseos de lado para atender los anhelos o necesidades de otras personas? ¿Sientes que quieren aislarte de la gente en la que más has confiado toda tu vida?

¿Limitan, intencionadamente, tu acceso a cursos, promociones o ascensos en el trabajo? ¿Sientes que últimamente estás tomando decisiones que van en contra de tus valores o que haces cosas que normalmente no harías?

Si has respondido a más de una pregunta con un «sí», déjame decirte que puedes estar siendo víctima de manipulación y probablemente has sido engañado.

Cuando hablamos de engaño, no estamos hablando sólo de una equivocación por nuestra parte; todos nos equivocamos. Todos podemos «meter la pata». Pero con el engaño es distinto: el que te engañó, lo hizo con la intención deliberada de dañarte. Se metió en tu mente, te sedujo y te utilizó.

Por lo general, los manipuladores estudian a las personas en busca de su vulnerabilidad, de su debilidad. Suelen tener como objetivo a la gente dependiente, crédula; gente con «complejo de salvador» o llena de culpa. Buscan personas que privilegian la amabilidad a expensas de su propia dignidad, gente a la que le cuesta decir «no» y que teme la confrontación.

Debemos recordar que el único objetivo del manipulador es la destrucción y, para obtenerla, aplicará distintas técnicas:

- **Acoso moral:** se produce cuando el manipulador te grita o insulta, a solas o en grupo, asignándote tareas imposibles de lograr, atacando o descalificando lo que haces o dices.
- **Maltrato verbal:** es el que ejerce mediante amenazas o calumnias, destruyendo tu reputación, aislándote de otras personas, presionándote para que cambies de horarios, sueldos o tareas atacando tu religión o tus convicciones, poniéndote a la gente en contra o difundiendo chismes acerca de ti.

El acoso es como un bombardeo psicológico que produce el exterminio emocional. Esto sucede durante un tiempo prolongado, mientras el manipulador degrada y maltrata a su víctima sistemáticamente a fin de anularla como persona.

El manipulador trabajará adormeciendo a su víctima, quien sólo se dará cuenta de que es manipulada al año o año y medio de padecerlo. El manipulador vendrá primero con palabras seductoras o de reconocimiento, pero lentamente irá introduciendo su descalificación, cuando no gritos e insultos. Cuando sea tu turno, te hará sentir permanentemente en riesgo de que si te equivocas de alguna forma, vas a perderlo. Si eres su víctima, probablemente comenzarás a alejarte de todos tus afectos porque tendrás una idea fija en tu mente: obtener la aprobación y no «perder» al manipulador en cuestión.

Al principio, la víctima justifica su proceder y pasa por alto las agresiones.

Lo primero que se pregunta es:

- «¿Por qué me pasa esto a mí?»
- «¿Qué es lo que he hecho mal?»

Y luego minimiza la situación pensando cosas como:

- «Bueno, no es nada, en realidad él estaba muy enojado y por eso me trató así.»
- «Lo dijo porque tuvo un mal día.»

El acosado o manipulado suele sentirse confundi-

> «Es necesario ser un gran simulador y disimulador: los hombres son tan simples y se someten hasta tal punto a las necesidades presentes que el que engaña encontrará siempre quien se deje engañar.»
>
> Maquiavelo

do, con inmensos sentimientos de culpa y vergüenza. El problema es que cuanto mayores sentimientos de culpa y vergüenza sienta, mayor será el poder que el manipulador tendrá sobre su vida.

La manipulación estará apuntada a dos áreas: el hacer y el ser.

• **El hacer**

El manipulador descalificará, cuestionará y rebajará todo lo que hagas; dirá:

– «Estás mal sentado.»
– «Te has puesto mal la peluca.»
– «¡Qué ignorante!»

Su objetivo es quebrantar la autoestima por medio de una crítica constante.

• **El ser**

Desvalorizará tu motivación, inventará malas decisiones para llenarte de culpas y malestar.

En psicología, ese mecanismo se llama «satanización»: él quiere hacerte creer que eres lo que no eres, que tienes características de una mala persona.

Lentamente te aislará de los que quieres, de quienes te pueden ayudar y se unirá a otros para armar sus propios bandos.

2. IDENTIKIT DE LOS MANIPULADORES

• **Se sienten grandes y poderosos:** intentan demostrarte que ellos saben cómo hacer dinero, un buen negocio, tener una pareja feliz, cómo criar bien a tus hijos, etc. Te van a contar muchas historias de las que siempre serán los héroes, y jamás escucharás palabras como «no lo sé» en su boca, ya que aparentan saberlo todo.

- **Tienen una doble vida:** te dicen una cosa y hacen otra. Aparecen como seductores, amables, elegantes, simpáticos; pero todo eso es sólo una fachada. Si investigas, verás que en su pasado sólo hay «ex amigos», muchas deudas y resentimiento.

- **Llevan cargas pesadas:** ya que para ellos la apariencia es sumamente importante, si se sienten descubiertos intentarán meterte miedo. Después de hablar con este tipo de gente, no te quedará ni una gota de paz, sino una gran sensación de malestar y temor.

- **Tienen envidia:** los acosadores, por lo general, no atacan a cualquiera. Buscan gente que es querida, que tiene capacidades y reconocimiento público. Tu éxito los incomodará y les hará sentir mucha rabia. Ellos saben que tú tienes potencial, talento, carisma y condiciones que ellos no poseen. ¿Sabes qué es lo que pasa? Los manipuladores te envidian.

- **Son improductivos:** sus vidas no dan frutos; si indagas sobre sus vidas te darás cuenta de que sus historias, las cuales te parecían tan fantásticas, son simplemente eso, historias ficticias, no reales. No hay nada que ellos puedan aportarle a tu vida.

> «La poca prudencia de los hombres impulsa a comenzar una cosa y, por las ventajas inmediatas que ella procura, no se percata del veneno que por debajo está escondido.»
>
> **Maquiavelo**

Los manipuladores son personas que quieren tener control sobre tu vida. Si ven lo valioso que eres, que tienes éxito o simplemente perciben en tu vida algo que ellos no tienen, querrán quitártelo.

Para ejercer control sobre tu vida, el manipulador se valdrá de distintas armas. Al principio utilizará la seducción, hasta lograr tenerte en sus manos. El manipulador suele aparecer como alguien que es protector, bueno, que te quiere amar, que te da; pero después no tengas duda de que, todo lo que te da, te lo va a querer cobrar.

El que te da sinceramente nunca te va a pedir nada a cambio; por el contrario, el manipulador te dará para después pedirte su recompensa.

Exigirá que estés presente en todo momento para satisfacer sus necesidades, pero nunca estará allí para cuando tú lo necesites.

Tan hábil es que utilizará cada vez con mayor frecuencia la crítica, el maltrato y la culpa para manipularte. Te hará creer todo el tiempo que él vale más que tú para que te dé miedo perderlo y quieras retenerlo, cuando en realidad es él quien está manipulándote porque quiere quitarte lo que *tú* tienes.

3. CÓMO LIBERARNOS DE LOS MANIPULADORES

Debemos aprender a alejarnos de la gente que nos quiere manipular. Si estás sintiendo que últimamente tus conductas no reflejan lo que tu conciencia te dicta, es quizás un aviso de que alguien está intentando manipularte. Si ya te has dado cuenta, no lo dudes, corre lo más rápido que puedas y aléjate de quien quiere hacerte daño.

Si no quieres ser manipulado:

- Conócete.

- Aléjate de quien viene a robarte.
- Aprende a escuchar las voces de tu conciencia.
- No te aísles.
- Evita reaccionar con ira. Eso es lo que quiere el manipulador.
- No abras tu corazón a cualquiera.
- Recuerda que hay cosas que son personales, no tienes por qué contárselas a nadie.
- Elige tu dignidad antes que la amabilidad.
- Aprende a decir «no».
- No seas dependiente.
- Evita justificar las acciones de otros.
- Libérate de los sentimientos como:
  – Culpa.
  – Vergüenza.
  – Angustia.
  – Odio.
  – Rencor.
- No dejes que nadie te meta prisa.
- Evita prestar o pedir dinero.
- No seas confiado por demás.
- Evalúa tus relaciones.
- Perdona y sigue adelante.

Los manipuladores no manipulan a cualquiera. Si nos eligieron a nosotros y lograron engañarnos fue porque les dimos lugar de una forma u otra. Se metieron en tu vida, te engañaron y te quitaron la paz.

Es por eso que antes que nada debemos buscar estar en armonía con nosotros mismos, conocernos de pies a cabeza y saber cuáles son nuestras fortalezas y debilidades, ya que cuando conocemos nuestras debilidades, éstas se convierten en nuestras fortalezas. Y si sabemos cómo somos va a ser más difícil que alguien pueda engañarnos y así manejar nuestras emociones.

Es también de gran importancia que no nos aislemos: tu familia, tu gente de confianza, un mentor, son personas que debes tener cerca en todo momento. La gente exitosa siempre está rodeada de un equipo de personas preparadas para ponerle los pies sobre la tierra y ayudarla a evaluar todas las situaciones que se presenten a lo largo de la vida.

Si un manipulador observa que tiene que enfrentarse no sólo a ti, sino a tu equipo, sabrá que la tarea de manipularte será más que difícil.

> «Sólo me fío de las estadísticas que he manipulado.»
>
> Winston Churchill

Mientras mayores relaciones saludables tengamos en nuestra vida, menor es la posibilidad de que nos manipulen.

Aprender a cuidarnos es un trabajo difícil, pero no imposible, y debemos hacerlo.

Decir que no cuando es necesario, no está mal. Hay muchos «no» que son saludables.

Debemos aprender a distinguir qué nos hace bien y qué no, para poder elegir correctamente.

Sacrificar nuestra dignidad nunca será una decisión que nos lleve lejos.

No dejes que te pasen por alto y evita justificar las acciones de los otros. Nada justifica el maltrato, no lo hagas una constante en tu vida. Si ya has elegido enfrentarte al hecho de que fuiste manipulado y has decidido que ya no lo vas a tolerar más, ya estás en el camino hacia el cambio.

4. ¡HAGÁMONOS CARGO!

Ahora bien: que hayas sido víctima de manipulación no significa que tienes que vivir con sentimientos de odio y rencor. Quizás en el camino hayas perdido mucha autoestima y tu identidad haya quedado marcada, pero no dejes que eso siga envenenando tu vida.

Perdona a quienes te hicieron mal y pon tu vista de nuevo en tus objetivos, porque de lo contrario seguirás soportando una carga demasiado pesada durante el resto de tu vida.

Vuelve tu cara hacia las personas que te hicieron bien y sigue en búsqueda de relaciones sanas y que aporten algo positivo a tu vida.

No cometas los mismos errores; en el día a día evalúa tus decisiones siempre teniendo claro qué es lo que quieres para tu vida.

No te sacrifiques intentando ser demasiado amable. Si eliges no sacrificar tu dignidad, los frutos serán muchos y tu autoestima irá creciendo. Asume la dirección de tu vida y no dejes que nadie tome decisiones por ti. Son tus decisiones las que te llevan a convertirte en una persona manipulable o no.

Piensa que el hecho de que hayas sido víctima de manipulación puede servirte para que nunca más te vuelva a pasar. Ahora conoces los diferentes tipos de engaños de esta gente y podrás desenmascararlos cuando se acerquen a tu vida.

Arriésgate a exponer tus pensamientos, destierra tus miedos. Toma decisiones propias y olvídate de los sentimientos de culpa o vergüenza. Ésta es la única forma en la que serás libre de verdad, libre de cualquier tóxico.

12

EL ORGULLOSO

Me gustaría ser mujer para poder ser
besada por unos labios tan bellos como los
míos.

UN NARCISISTA A SU NOVIA

1. ¿QUÉ HARÍAS SIN MÍ?

«Espejito, espejito, ¿hay alguien más hermoso que yo?»
Soberbio, vanidoso, arrogante, fatuo, endiosado, inmo-
desto, pedante, petulante, narcisista, autosuficiente, engreí-
do, presumido son todos sinónimos de una misma palabra:
orgulloso. Son muchos, ¿verdad?

De sólo pensar que una persona puede reunir todos
estos calificativos, ya nos imaginamos que tiene «mala
prensa».

El orgulloso es aquel que tiene un exceso de confianza en
sí mismo, en lo que dice, en lo que hace, en las decisiones que
toma; para él todo lo que hace es perfecto, él es perfecto; él es
Dios y lo hace todo bien, y nada ni nadie pueden contrade-
cirlo.

Todos alguna vez nos sentimos orgullosos por algo excelente o extraordinario que hemos hecho, nos sentimos satisfechos con nosotros mismos y eso no está mal; estar seguros de nosotros mismos es sano y beneficioso para nuestra autoestima. El problema surge cuando creemos que ese logro que obtuvimos nos autoriza a pisotear, insultar o descalificar al resto de las personas.

¿Quién no se ha peleado alguna vez con un amigo, con su pareja, con su jefe y ha dejado de hablarle por un tiempo?, pensando: «¡Que me llame él! Yo no lo voy a llamar. ¿Por qué tendría que hacerlo?»

> «El orgullo es el complemento de la ignorancia.»
>
> Bernard de Fontenelle

Tener confianza es bueno, pero un exceso de fe en una idea o en una determinada situación paraliza todo lo positivo que puede sucedernos.

El exceso de confianza no da margen para mejorar. Quien dice: «Lo que he hecho está perfecto», no se pregunta: «¿Qué puedo hacer para mejorarlo?»

No hablo de la autoexigencia del perfeccionismo, sino del hecho de que una persona sana siempre debe dejar un margen de duda para analizar lo que ha hecho.

Si en cambio tiene un exceso de confianza, esa persona tratará de explicarlo todo, de justificarlo todo, sin permitirse un margen para analizar: «¿Podría pensar de una manera mejor?»

Muchos piensan que podrían cambiar el mundo, terminar con el problema de la desnutrición, pero lamentablemente creen que sólo ellos serán capaces de hacer realidad el cambio. Son personas que se repiten: «Yo soy

> «Si el hombre orgulloso supiese lo ridículo que aparece ante quien le conoce, por orgullo sería humilde.»
>
> Mariano Aguiló

el más inteligente, el más hermoso, el más sagaz, el más *todo*».
Ellos lo son todo.

El orgullo no es malo hasta un cierto punto. El problema empieza en la medida exacerbada del mismo. Ése es el verdadero conflicto.

2. PRIMERO YO, SEGUNDO YO Y TERCERO YO

Una persona con exceso de confianza no puede mejorar y entonces, sin darse cuenta, se estanca.

Hay tres tipos de excesos de confianza:

- **Exceso de amor propio:** «Si yo no estoy, esto no va a funcionar», «si yo me voy, mi familia se hunde», «si yo no estoy, este proyecto se cae». Las personas que hablan así son aquellas que se creen seres únicos, dada la excesiva confianza que tienen depositada en sí mismas. La gente que es así no tiene tiempo para detenerse a pensar: «¿En qué puedo seguir mejorando?», con lo cual pierde de vista todo lo mejor que está por venir. En cambio, las personas abiertas a la mejora continua son las que se llevan el premio. El orgulloso termina, en muchas ocasiones, humillado. Cuando nos sintamos imprescindibles en determinadas áreas, seguramente aparecerá alguien que hará mejor que nosotros las cosas y se llevará el premio.

> «El orgullo de los pequeños consiste en hablar siempre de sí; el de los grandes en no hablar de sí nunca.»
>
> Voltaire

- **Exceso de confianza en la propia capacidad:** hay personas que no aceptan sugerencias ni ideas nuevas, personas que si una vez obtuvieron un resultado brillante se estancan y no aceptan aportes novedosos. Son aquellas que, si les das alguna sugerencia del tipo: «Mira, esto lo podrías haber hecho de otra manera», te responden: «No, no, porque así he estado bien.» Todo lo que ellas producen siempre tiene una explicación. Ellas siempre dicen: «Yo soy así y así como digo estará bien.» La persona que no es capaz de hacer un análisis y un balance para mejorar, siempre

> «La ciencia es orgullosa por lo mucho que ha aprendido; la sabiduría es humilde por lo que sabe.»
>
> **William Cowper**

será mediocre, y sin darse cuenta quedará estancada en su posición. Creerá que es la mejor hasta el momento en que surja alguien que obtenga mejor resultado y más rédito y entonces, pero sólo entonces, quizá tenga la humildad de preguntarse: «¿Qué es lo que está pasando?»

• **Exceso de confianza en la propia manera de pensar:** este diálogo tal vez te resulte conocido:

—Yo pienso así, yo lo veo así.

—Sí, pero tu matrimonio se está desgastando.

—No importa, para mí es así y punto.

> «El conocimiento acrecienta nuestro poder en la misma proporción en que disminuye nuestro orgullo.»
>
> **Paul Bernard, Tristán**

Puro orgullo. Quienes se identifican con estas palabras son personas que no pueden, ni aun ante el dolor, detenerse a reevaluar sus propias vidas.

Los que siempre están de vuelta de todo son los que nunca fueron a ninguna parte.

El orgullo es como el mal aliento, todos lo perciben, excepto el que lo padece.

Tener confianza en nosotros mismos y en los demás es muy bueno y productivo. Sin embargo, necesitamos dejar un margen necesario para mejorar, cuestionar, reconocer los errores, superarnos, darle un lugar a la equivocación y romper con el perfeccionismo que nos encierra en latas herméticas que no permiten que nada de lo nuevo y de lo mejor penetre en ellas. Seamos excelentes en todo lo que hacemos, pero no dejemos que el sentimiento de perfección nos impida mirar los detalles.

Sólo las mentes abiertas son capaces de comprender que todo puede ser mejorado, y que siempre podemos ir a por más. El problema más grande que padecen los seres humanos es la parálisis mental, parálisis que les impide seguir soñando.

Si en cierto momento de tu vida la mente rígida y los pensamientos cerrados ocupan gran parte de tu tiempo y de pronto decides ser libre de estas emociones tóxicas que sólo te detienen, el estancamiento se convertirá en un mero recuerdo.

> «Lo que distingue al hombre insensato del sensato es que el primero ansía morir orgullosamente por una causa, mientras que el segundo aspira a vivir humildemente por ella.»
>
> **J. D. Salinger**

Desde el momento en que seamos capaces de romper nuestro exceso de confianza, estaremos listos para salir del estancamiento, tendremos claridad para enfocar los nuevos objetivos y conquistar cada uno de los sueños que albergamos en nuestra mente y en nuestra alma.

Cuando seas libre de la parálisis mental, no habrá muro ni cima que te detengan. ¡Serás un escalador de alto rendimiento!

Cuando rompas con tu excesiva confianza, podrás cambiar el recorrido y hacer lo que nunca has hecho antes.

13

EL QUEJOSO

Una mujer dice: «¡Qué sed que tengo!,
¡qué sed que tengo!, ¡qué sed que tengo!»
Una vecina la oye y le acerca un vaso
de agua, y entonces, tras beber, la mujer
dice: «¡Qué sed que tenía!»

1. «LA MENTE DE LANGOSTA» NUNCA CONQUISTA NADA

Si llueve les molesta, si sale el sol también; si los saludas
de mala gana se enojan, si los saludas amablemente se fasti-
dian. El tema es quejarse, encontrar un motivo para pensar
que el mundo está en contra de ellos y que nadie es capaz
de entenderlos.

¿Quién es el que está a favor o en contra de quién? El
quejoso siempre encontrará un motivo para quejarse. Por
las dudas, hay que quejarse, incluso antes de averiguar o de
preguntar. ¡Primero la queja!

La queja es un lamento, una demanda, un reproche, un
disgusto, un reclamo permanente que lo único que logra es
alejarte de la mejor gente. ¿A quién le gusta estar cerca de

personas que siempre están dispuestas a encontrarle «los tres pies al gato?».

Muchos son coleccionistas de quejas. Dicen, por ejemplo: «Me lastimaron», «me maltrataron.» ¿Quién?, se les pregunta, y ellos responden: «Mi jefe», «mi primo», «mi tío».

> «Si tiene remedio, ¿por qué te quejas? Si no tiene remedio, ¿por qué te quejas?»
>
> **Proverbio oriental**

Y tal vez tengan razón, porque en realidad, sí fueron lastimados, vivieron injusticias; lo que no saben es que al expresarlo permanentemente a través de la queja la solución al conflicto se aleja cada vez más y su mente se convierte en una «mente de langosta».

¿Tienes *mente de langosta*?

Veamos, responde estas preguntas:

- ¿Te quejas a menudo?
- ¿Tienes problemas con muchas personas?
- ¿Ves las cosas grandes como difíciles de lograr?

Si has contestado a una de estas preguntas con un «sí», es que tienes mente de langosta.

La queja sólo produce insatisfacción, descontento, resentimiento, disgusto; refleja una emoción encapsulada que termina enfermando no sólo tus pensamientos, sino también tu cuerpo.

Muchas personas hacen de la queja un hábito, una forma de vida, pensando que si se siguen quejando, el problema desaparecerá; creen que a través de la demanda continua el conflicto se solucionará, o que quizás, otro ser humano bondadoso se apiadará de su situación y resolverá su problema.

Son personas que se lamentan todo el tiempo, sin darse

cuenta de que con su discurso se atan aún más al pasado y a la dificultad. Reviven viejas penas y culpan por no haber podido aprovechar tal o cual oportunidad. Miedos, inseguridades, inquietud, aflicción y dolor son sentimientos por los cuales atraviesan las personas quejosas, convirtiéndose así en *seres tóxicos* para sí mismos y para los que están a su alrededor.

2. LAS CONDUCTAS MÁS COMUNES DE LOS QUEJOSOS

• **Tienen problemas con los demás y viven enojados:** todo problema no solucionado repercutirá en las personas que están más cerca. Cuando alguien te rechaza, no lo tomes como algo personal, piensa que esa persona seguramente fue rechazada y lastimada antes. Así como nos tratemos a nosotros mismos trataremos a los demás. Muchos guardan dentro de sí mismos hostilidad y enojo. Tal vez te pasé a ti también: quizá fuiste maltratado y manipulado durante años, y en vez de haber hablado a tiempo y sanado las emociones lastimadas, hoy hieres a los que están más cerca y a los que te ofrecen una nueva oportunidad. Don Colbert, uno de los mejores médicos de Estados Unidos, dijo: «Lo que experimentes emocionalmente se convertirá en una sensación física.» Las estadísticas revelan que, en Estados Unidos, por ejemplo, se consumen cada año cinco mil millones de tranquilizantes; cinco mil millones de barbitúricos; tres mil millones de anfetaminas; dieciséis mil millones de toneladas de aspirinas.

La hostilidad es una emoción que surge de la enemistad, de la mala voluntad, que se expresa como «mal genio», «impaciencia» o «queja». El 20 % de la población posee un nivel de hostilidad que pone en riesgo su vida. De cada diez personas, dos llevan enojos encapsulados que les afectarán, y tienen siete veces más posibilidades de morir de enfermedades del corazón.

Las autopsias hechas a soldados de Corea y Vietnam revelaron que padecían arteriosclerosis producida por el estrés de la guerra. Mucha gente no estuvo en Corea ni Vietnam pero vive en una guerra constante, peleando con todo el mundo, y en vez de mirar en su interior y resolver su problema personal, dice: «Aquél no me gusta», «tú me maltratas».

En Finlandia se descubrió que la hostilidad es la enfermedad que más afecta al corazón, comparable con el cigarrillo y el colesterol alto.

• **Lo perciben todo negativamente:** frente a grandes desafíos, los quejosos lo ven todo negativo y se excusan diciendo: «no puedo», «no seré un buen padre porque es muy difícil», «me falta mucho». Son personas que viven mirando a los demás como gigantes, como seres imposibles mucho más grandes de lo que en verdad son. Son personas que, abocados a la queja, se olvidan del potencial que llevan dentro. Si éste es tu caso, ¿cómo sabes que son gigantes si ni siquiera intentaste derribarlos? Sólo es tu mente la que piensa así. Los pensamientos determinan tus acciones y, por lo tanto, tus resultados.

El conflicto de la *mente de langosta* es que no se lleva bien consigo misma, y ése es el desafío: llevarse bien consigo mismo durante las veinticuatro horas del día y conquistar todos los sueños.

Ahora bien, ¿es posible salir de la queja y llevarse bien con uno mismo?

Claro que sí. Si aplicas estos principios, te llevarán a resultados exitosos:

- **«Si no me lo dicen a la cara, no lo considero»:** si alguien te comenta: «me han dicho que tú has dicho, que el otro ha dicho lo que dicen de ti», ¡no caigas en la trampa! Si alguien quiere decirte algo, que sea lo suficientemente valiente como para hablarte de frente; de lo contrario, no hay nada que aclarar. Responde solamente cara a cara, de lo contrario, entrarás en el juego neurótico de los que «llevan y traen».

- **«Debo estar concentrado en las cosas importantes»:** las cosas importantes multiplican tu energía, las secundarias la roban. Si una persona dice estar desalentada porque su sueño es demasiado grande, está en un grave error. Los grandes propósitos no nos desgastan, al contrario; los desafíos nos motivan y nos empujan a seguir. Los detalles y la queja son los que desgastan. Los desafíos renovarán tus fuerzas cada mañana y te mantendrán joven. Concéntrate en lo importante, no te detengas en las pequeñeces. Concentrándonos en nuestros objetivos tendremos la energía necesaria para llegar y además estaremos bien con nosotros mismos. Si nos desgastamos es porque estamos perdiendo tiempo con la gente inadecuada, en proyectos irrelevantes, en discusiones sin sentido. Pero si nos ocupamos de lo importante tendremos la fuerza de las águilas, correremos y no nos cansaremos, porque sabremos adónde estamos apuntando. Los que viven para el ocio te harán perder tu tiempo; no desperdicies tu fuerza. Mike Murdock dice: «El que no respete tu tiempo, tampoco respetará tu vida.»

- **«Tengo que estar abierto a lo sobrenatural»:** lo que has logrado no es todo lo que obtendrás. No evalúes tu vida según tus logros de hoy. Siempre hay más, mucho más,

> «Las quejas son el lenguaje de la derrota.»
>
> Frank Grane

proponte nuevas metas. Cuando tu mente está abierta a lo nuevo y se permite ser sorprendida por otras oportunidades, los mejores momentos llegan a tu vida. Si estamos dispuestos a lo nuevo, la queja no tendrá lugar.

- **«Algo desconocido saldrá a la luz»**: el potencial es una fuerza no liberada, un poder no usado, una reserva oculta. Si te permites abrirle la puerta, te llevará a los éxitos más extraordinarios que hayas soñado. Todo está dentro de nosotros: un escritor, un cantante, un triunfador, una comerciante, una mujer de negocios, un gran padre, «un genio».

> «El pesimista se queja del viento; el optimista espera que cambie; el realista ajusta las velas.»
>
> William George Ward

- **«Si estoy bien conmigo mismo diré lo correcto»**: Mike Murdock dice: «Tus palabras son herramientas.» Las palabras tienen poder. Si decimos: «Mi vida es un desastre», «este trabajo es pésimo», estaremos construyendo lo que declaramos. Tu destino está marcado por tu discurso. «Dime cómo hablas y te diré qué te sucederá.» Tus pensamientos determinan tus palabras. Al recibir un mensaje piensa: ¿es justo?, ¿es sano?, ¿me acerca a mi objetivo?, ¿me hace bien? Si la respuesta es negativa, deséchalo. Todo lo honesto, todo lo justo, todo lo puro, todo lo de buen nombre, algo que es digno de ser hablado, en eso hay que pensar. La queja te mata, te detiene, te destruye. Tus palabras son el cartel que indica hacia adónde estás yendo y tienen el poder de darte vida o muerte.

Ahora decides tú: «mente de langosta» o «mente de resolución». ¡No seas tú mismo tu gran problema! La única manera de romper el círculo de la queja es moviéndote, yéndote del lugar donde nada sucede.

- Expón la queja e inmediatamente busca la respuesta.

- Aprende a hablar con soluciones.
- Sé una persona que no se violenta, que no se queja.
- Los malos momentos son parte de la vida. Lo peor que nos puede pasar no es «el problema», sino que esa situación nos limite mental y físicamente.
- No dejes que las crisis te pongan límites: la queja no puede impedirte dar el salto. Las crisis pretenderán asentarte en el lugar del dolor y de la queja, pero tú tienes una mente de resolución capaz de superarlas para así pasar al otro lado.
- No permitas que la locura y la queja de los otros te limiten: nadie puede decirte: «Hasta aquí has llegado.» No te dejes limitar por la locura y las quejas de los otros, no permitas que las quejas te ciñan.
- No permitas que sean otros quienes establezcan tus límites: nadie puede limitarte. Sé inteligente, no reacciones ni te muevas por instinto. El que es paciente muestra más discernimiento. Cuando los otros quieran apurarte, no te apresures, tómate tiempo, unos días, y después seguramente lo verás todo distinto.

Recuerda que:

- El quejoso pierde su tiempo en anécdotas y cosas pasadas.
- El quejoso se queda a vivir en la circunstancia.
- El quejoso no tiene sueños, metas ni propósitos.
- El quejoso es dependiente, está esperando que otro resuelva su vida.
- El quejoso es dubitativo, reiterativo y limitado.
- El quejoso tiene una mente cerrada.
- La gente exitosa valora su tiempo y sabe que el tiempo de la queja es un tiempo perdido.

- La gente exitosa aprende, se instruye permanentemente.
- La gente exitosa sabe concentrarse en su proyecto.
- La gente exitosa invierte en cosas importantes.
- La gente exitosa invierte en su crecimiento personal.
- La gente exitosa vive cada momento con intensidad.
- La gente exitosa invierte el tiempo en soñar sueños grandes.

¿Qué eliges ser? ¿Quejoso o exitoso?

3. QUEJOSOS Y QUEJAS

Muchos creen que la queja es una posible solución a sus problemas, sin darse cuenta de que lo único que logran con ella es más queja y así sucesivamente hasta verse atrapados en un círculo vicioso sin salida. La queja es una señal a la que hay que prestarle atención. El quejarse es producto de una acumulación de emociones reprimidas actuales y pasadas, muchas veces por no decir nada, y otras tantas por hablar en demasía.

En la sociedad en la que vivimos hay muchas personas que se quejan todo el tiempo. Necesitamos romper con esas costumbres, ese mal hábito, y ser libres de ese parloteo continuo que sólo nos trae más dolores de cabeza.

Y así como existe diversidad de quejosos, encontramos también diferentes clases de quejas. Analicemos algunas de ellas:

> Una mente productiva no tendrá tiempo para quejarse.

- **La queja ociosa:** es la más común entre personas que se quejan porque no hacen nada en todo el día, esas a las que les sobra tiempo. Se trata de personas que son capaces de transformar un pequeño detalle en una gran catástrofe. Siempre existe para ellas un «pero», un obstáculo que sortear. Su única forma de hablar es quejándose.

- **La queja esporádica:** es la que se hace eventualmente por diversos motivos, pensando que tal vez, al quejarnos, alguien se hará cargo de solucionarnos el problema.

- **La queja como «deporte favorito»:** es la preferida entre personas que viven dentro del círculo de la queja; permanentemente viven quejándose. Quejas tras quejas.

- **La queja viciosa:** el círculo de este tipo de queja es:
  - Me quejo.
  - Alguien me escucha.
  - El que me escucha no hace nada.
  - Me vuelvo a quejar, me vuelven a escuchar.
  - El que me escucha vuelve a quedarse sin hacer nada.
  - Me vuelvo a quejar, la persona me vuelve a escuchar y no hace nada.
  - Me quejo otra vez, pero a esta altura esa persona ya se ha acostumbrado a mi queja y sabe que en mi discurso lo único que tiene lugar es «la queja».

Es como cuando pasas por una casa y el perro te ladra: el primer día te atemorizas; al segundo día te vuelve a ladrar, pero no te asustas tanto. A la semana siguiente sabes que el perro te va a ladrar pero ya no te sorprende. Esto es lo mismo que sucede con las personas quejosas: el otro se acostumbra a su queja y lo último que querrá hacer es escucharla.

Ahora bien, ¿cómo obtener lo que necesito sin quejarme?

Si logramos relacionarnos con «el otro» con respeto, lograremos lo que anhelamos. Hay maneras y maneras de pedir aquello que anhelamos, y la queja continua no es la mejor forma de dar a conocer nuestra demanda. La queja sólo será un obstáculo y no te traerá ningún beneficio, sólo amargura.

El tiempo que perdemos quejándonos podríamos aprovecharlo buscando soluciones y sacándole provecho a la situación por la que estamos pasando. Revierte todo lo que esté a tu alcance y busca el lado bueno a tus circunstancias.

Es importante que nuestra mente esté siempre ocupada, ya sea trabajando, estudiando o perfeccionándonos. Procura hacer siempre algo productivo de manera que la queja no tenga espacio en tu vida. No dejemos nuestra mente ociosa.

Mantente ocupado, con la visión en tus sueños, libera tu potencial y usa toda la creatividad que tienes a tu favor. Olvida la queja, errádicala de tu vida, y verás que todo te va a salir como lo estás esperando.

4. ¿CÓMO ACTUAR FRENTE A LOS QUEJOSOS?

Podemos actuar de distintas maneras frente a ellos:

- No necesitamos ponernos de acuerdo ni darle la razón a las personas que manifiesten la queja. Lo único que lograremos es que sigan quejándose, alimentando así su hambre emocional.
- No los contrariemos, dejémoslos expresarse.
- No intentemos solucionar sus problemas (si es que

existe alguno o también si sólo se quejan por el hecho de hacerlo).

- No nos empecinemos en que entren en razones o indicándoles que les conviene tal o cual cosa. El quejoso no podrá entender, a menos que decida transformar su actitud.

Cada vez que te vayas a quejar de algo, pregúntate: «¿Por qué me estoy quejando de esto?» Antes de quejarte, revisa cómo está tu autoestima y si te das cuenta de que hay algo que no anda bien, busca ayuda y sana tus emociones. La queja nos señala que hay una herida que aún sigue sangrando.

No te quejes, revierte el lamento, piensa que cuando te quejas te estás deteniendo.

Si ves que has hecho algo mal, hazlo otra vez; si ves algo tirado, cógelo; no esperes que lo haga otro. Cambia tu manera de actuar, tu forma de hablar, tu modo de expresarte, y no te detengas a quejarte. Sigue, avanza y no mires hacia atrás. Aún te resta por transitar un largo camino.

14

EL PODER DE LAS PALABRAS

> Hay hombres cuyas palabras son como
> golpes de espada, mas la lengua de los sa-
> bios es medicina.
>
> SALOMÓN

1. EL PODER DE LAS PALABRAS «SÍ» Y «NO»

¿Cuántos han dicho «sí» cuando hubiesen querido decir «no»? Generalmente tenemos miedo de decir que no porque no queremos desentonar: si todo el mundo hace algo, ¿cómo vas a decir que no quieres hacerlo? Tenemos miedo de las consecuencias negativas de haber dicho que no: ¿Qué va a decir el otro? ¿Qué va a pensar el otro? Quizá me retire su amor si le digo que no quiero hacer lo que me dice.

El «no» es necesario y debemos aprender a decirlo con paz; podemos y está permitido decir «no». Decir «no» muchas veces es sinónimo de salud. Sin odios, ni enojos, ni con malos modos, podemos decir «no».

Cuando no podemos decir «no», es porque no sabemos ni podemos distinguir cuál es nuestra prioridad en la vida, hacia dónde apuntamos y cuál es nuestro blanco.

Las decisiones que tomes van a estar determinadas por el objetivo que quieras alcanzar. ¿Estás apuntando al lugar correcto con tus palabras? ¿Tomas tus decisiones de acuerdo con los objetivos que te has propuesto?, ¿o estás viviendo y hablando sólo por hablar y llenar espacios vacíos?

Cuando tenemos claro nuestro objetivo podemos definir qué es lo que vamos a aceptar y qué es lo que vamos a rechazar. El «sí» y el «no» no son sólo palabras, sino límites y permisos que nos damos a nosotros mismos.

- El «sí» y el «no» forman parte de toda negociación.
- El «sí» y el «no» determinarán tu posición de liderato, autoridad y control sobre tu propia vida.
- El «sí» y el «no» hablarán de ti mismo, de tus intereses y tus determinaciones.
- Un «sí» y un «no» dichos sabiamente y a tiempo te evitarán grandes dolores de cabeza.
- Cada «sí» y cada «no» que establezcas determinará una solución o un problema nuevo.
- Cada «sí» y cada «no» que emitas sabiamente o no estará acercándote o alejándote de tu éxito.
- Cada «sí» y cada «no» que pronuncies te hará mantenerte enfocado.

Cuando sabes cuál es tu blanco específico, sabes a qué cosas decirle «no» y a qué cosa decirle «sí». Sabes a quién elegir, con quién hablar.

> «Pero sea vuestro hablar: sí, sí; no, no; porque lo que es más de esto, del mal procede.»
> **La Biblia**

Sé responsable. Responsabilidad es saber qué hacer y qué no. La gente se destaca cuando tiene palabra y cumple con lo que promete. Deben creer en ti: que tu «sí» sea «sí» y tu «no» sea «no».

Y si por un momento dudas acerca de la respuesta que debes dar, tómate cinco minutos o todos los que necesites; antes de dar un «sí» o un «no» como respuesta, date tiempo, permítete reflexionar para evaluar y decidir. Nadie puede tomar el control de tu tiempo y de tus decisiones. Una vez que decidas, lo que estés determinado a hacer mantenlo, no lo cambies. Si te equivocas, puedes volver a empezar. ¡Determina un objetivo y cúmplelo! Debes estar respaldado por la verdad y no por la falsedad o la mentira.

Ser fiel a uno mismo y a nuestras palabras nos convertirá en personas creíbles y confiables, tanto si hemos dicho «sí» como si hemos dicho «no».

Si quedas en encontrarte a una determinada hora, hazlo, no llegues tarde.

Si te comprometiste a asistir a alguien en una determinada ayuda, hazlo, no lo postergues ni lo canceles.

Si firmaste un contrato, cúmplelo. Las palabras tienen valor, seamos fieles a nosotros mismos. No pactes con nadie, sólo contigo mismo, pero una vez que des tu palabra, sé fiel a ella. Cuando somos capaces de llevar a cabo lo que hemos prometido, nuestras relaciones, sean familiares, laborales o sociales, se forman cada vez mejores. Un hombre fiel a sus palabras es confiable y apto para estar en niveles de poder y liderato.

Controlemos lo que sí podemos controlar: nuestras palabras. No funcionemos por emoción, sino por convicción. Hay personas que actúan según lo que sienten: «Me siento mal», «me siento bien». Un día se sienten reyes, y al día siguiente, insignificantes. El lunes sienten que el trabajo es lo más importante, pero el martes lo más importante es la familia; el lunes se

> «Cuando hables, procura que tus palabras sean mejores que el silencio.»
> **Proverbio hindú**

casan con alguien porque sienten que lo aman, pero a la semana siguiente, se separan porque sienten que ya no lo quieren; sienten ganas de tener un hijo, pero a la semana siguiente lo abandonan porque ahora sienten que les ha arruinado la vida. Es esa gente que vive animada un día y desanimada al otro y de acuerdo con lo que siente es como maneja su vida. Son personas que hoy dicen blanco y mañana, negro.

Tú no te muevas por ideas o estados de ánimos, hazlo por convicción. La convicción es la determinación y la seguridad acerca de algo. El gran problema de la sociedad de hoy es que falta gente con convicción.

No te dejes llevar por tu mente; tu mente es lo más demente que tienes, la palabra de fe es la única y la verdadera.

> No te muevas por gusto, sino por convicción. La convicción no es un rito que se defiende a rajatabla, sino que es una verdad divina que se ha hecho raíz en tu vida.

Tienes que aprender a frenar tu mente y a crecer. Nadie va a hacer nada por ti, tú tienes que hacer por ti lo que debes hacer. Suelta la palabra y actúa en base a ella. Llénate de palabras de ánimo, de fe.

Habla con fe. Renueva tu mente, tus palabras se nutrirán de lo que crees. Cree lo que confiesas.

¿De dónde sale lo que yo creo? De lo que yo pienso.

Lo que yo pienso, lo creo; y lo que yo creo, lo confieso.

¿De dónde sale lo que yo pienso? De lo que yo oigo. Lo que yo confieso es lo que creo. Lo que creo viene de lo que pienso.

No permitas que tus pensamientos te arrastren. No te muevas por lo que sientes. Sé leal a la verdad, a tu convicción, y no a tus sentimientos.

Hubo dos hermanos que un día dijeron: «Se puede

volar», y todo el mundo se rio. Alrededor del año 1900 construyeron un avión y quisieron levantar vuelo. Uno de ellos lo consiguió, pero el avión cayó y el piloto murió. El otro hermano enterró al fallecido pero no enterró su sueño y su fe; y entonces lo volvió a probar. Pasaron doce años en los que mejoró su avión, y voló sobre Nueva York. Por primera vez el hombre alcanzaba el cielo con una máquina.

Todo puede morir a tu alrededor, pero nunca entierres con tus muertos tu fe, nunca entierres tus sueños.

2. LO QUE PIDO, ESO RECIBO

Es común ver a ciertos individuos que no pueden ser felices porque no expresan directamente lo que quieren, lo que desean o lo que piensan.

Piden, desean y anhelan pero no son específicos. Muchos tienen inmensos deseos en su corazón, anhelan alcanzar metas en su mente, pero no pueden ni saben expresarlos. Son aquellos que cuando les preguntas qué es lo que están esperando de la vida, responden: «paz, amor, felicidad, salud, dinero». Y esos deseos no son malos, pero son indefinidos, metas abstractas imposibles de evaluar.

Cuando pedimos, es necesario que seamos concretos; sólo así podremos focalizar las estrategias que debemos diseñar para alcanzar nuestras metas. Necesitamos establecer cuánto queremos ganar, qué coche queremos, qué tipo de relación estamos buscando. De esta forma estaremos concentrados, y de esta manera podremos poner en acción lo que antes fue un deseo en voz alta.

Cuando pidas algo, sé específico. No des vueltas. Nombra lo que estás esperando recibir, pídelo y llama a las cosas por su nombre. Si no conoces cuáles son tus derechos, nunca vas a poder pedir bien qué conviene. A diario nos encontramos con personas que asumen una actitud errónea en el momento de pedir lo que esperan recibir. Y aquí está la respuesta, la razón por la que unos reciben y otros no. «Pides y no recibes porque pides mal»: pides sin convicción y la duda es semejante a la onda del mar, que es arrastrada por el viento y llevada de una parte a otra. ¡Pide de acuerdo con lo que estás esperando recibir!

Sin embargo, muchas personas no saben pedir...

• **Los que asumen el papel de víctimas:** Son las personas que en lugar de pedir «¿Me compras un helado?», o en vez de decir: «Me voy a comprar un helado, porque tengo ganas de comerlo», dicen: «Llevo horas encerrado aquí, trabajando, muriéndome de calor, y nadie hace nada por mí.»

Si te identificas con este estilo de personas, piensa por un momento: ¿por qué no mejor pedir las cosas por su nombre y decir: «Quiero un helado»? ¿Cuál es el problema de que lo hagas?

Lo que sucede es que la mayor parte del tiempo pensamos que no tenemos la capacidad para expresar lo que queremos o, peor aún, que no nos merecemos aquello que deseamos. Y esto es falso. Todo, aun lo más ínfimo, fue creado para que podamos disfrutarlo.

• **Los que dan vueltas:** Son los que no dicen las cosas directamente. Por ejemplo, en lugar de indicarle a los demás que les gustaría que los visitaran, dan miles de vueltas para hacerles ver que se sienten solos y abandonados.

• **Los que se «enferman»:** Algunas personas que se enferman cuando están atravesando un problema o una dificultad. Son las que no pueden poner en palabras sus emociones y entonces son sus cuerpos los que deben hablar por ellas. En estos casos es común que manifiesten síntomas como fiebre, dolores de cabeza, mareos o malestares estomacales, que denotarán que algo malo está sucediendo. De esta forma, quienes los rodean se verán obligados a acercárseles y preguntarles qué es lo que les pasa. Estos personajes, en vez de decir: «Me voy una semana de vacaciones porque necesito descansar» o «esta semana no hago nada porque no doy más», prefieren enfermarse para poder quedarse en la cama y justificar un quizá merecido descanso.

• **Los que apelan a la comunicación indirecta:** Al no poder expresar lo que quieren, envían indirectas y «misiles» todo el tiempo de una manera u otra, pensando que alguien entienda «a los golpes» lo que ellos no pueden poner en palabras claras y concisas. Tienes que ser consciente de que «el que pide, recibe».

> «No sólo de palabras vive el hombre, pese a que en alguna ocasión tenga que comérselas.»
>
> Adlai Stevenson

Si uno no puede expresar en palabras todo lo que desea, termina «comiéndose» todos esos sentimientos. Lo malo del caso es que si nos comemos lo que transcurre en nuestro interior, nos estaremos comiendo a nosotros mismos.

> «El comienzo del fin de la vida se produce el día en el que guardamos silencio ante las cosas que nos importan.»
>
> Martin Luther King, Jr.

Podemos hablar por emoción, sentimiento, opinión o fe.

Emoción es lo que siento ahora, sentimiento es lo que vengo sintiendo desde hace mucho tiempo. Los sentimientos muchas veces terminan siendo resentimientos, es decir, sentimientos que evolucionan con el tiempo y que, si no son expresados en palabras como debieran ser, terminan lastimando nuestro cuerpo.

Necesitamos aprender a hablar y a darle valor a cada

palabra que pronunciamos. Las palabras tienen el poder de construir pero también de destruir; dependerá de nosotros cuáles elegiremos para comunicarnos. Para crecer y estar sanos necesitamos aprender a transmitir nuestros sueños, metas y proyectos.

> «Las palabras no sólo se ven o se oyen, sino que además brillan.»
>
> **Alfonso Sastre**

Es tiempo de bendecir nuestra vida, de emitir palabras de aliento, de sabiduría, de proyección, de poder, de fe, de vida.

Mientras estemos hablando de vida, nuestros sueños se irán cumpliendo.

3. LOS NO QUE TE SANAN

«Un "no" pronunciado con la más profunda convicción es mejor y más grande que un "sí" enunciado sólo con el propósito de complacer o, lo que es peor, de evitar un problema», decía Mahatma Gandhi.

Para tener más salud y más éxito necesitamos decir más «no» ante determinados hechos y a ciertos tipos de personas.

William Ury escribió: «El arte de liderar no está en decir "sí", sino en saber decir "no". Muchas veces no logramos decir «no» cuando deseamos hacerlo y sabemos que deberíamos.»

Para superar esta situación debemos:

• **No idealizar a nadie:** Al idealizar a la otra persona la estamos colocando en un lugar superior mientras nosotros mermamos, haciéndonos de esta manera más vulnerables y quedando expuestos a que el otro pueda herirnos. Si nos conectamos con otra gente (cualquiera que sea el lugar que

la persona ocupe) debe ser *de igual a igual*, porque ponerse
«por encima de» es un acto de soberbia y «por debajo de»
habilita a los que decidan humillarnos. Debemos recordar
que todos venimos del mismo tronco y todos nos merecemos las mismas oportunidades.

• **No reaccionar mal ante las palabras de la gente:** algunas frases que llegarán para lastimarte y provocar en ti
una reacción al mensaje que transmiten. Las personas que
pronuncian esas palabras se llaman, en psicología, tóxicas.

Diferentes tipos de *personas tóxicas*:

• **El ofendido:** Es el que con una palabra o conducta
tuya se ofende y de esa manera manipula. Transmite
el mensaje: «Según cómo te comportes, estaré contigo o no», para mantener a los demás pendientes de
sus acciones.

• **El que *tira y corre*:** Es el que pasa, tira un misil y sigue
de largo porque lo único que está buscando es tu reacción.

• **El que triangula:** Es el que «lleva y trae», te sumerge
en una discusión que no te corresponde para que tomes partido y salgas en defensa de alguna de las partes.

• **El psicópata:** Es el que felicita y descalifica al mismo
tiempo.

• **El reaccionario:** Le gusta discutir, criticar y buscar
que te sumes a él para hacerte perder tiempo.

Un consejo: para mantener tu salud, no reacciones ante
las palabras de la gente. Aprende a:

• **No esperar nada de nadie:** Si ponemos las expectativas en la gente, sólo obtendremos frustración, porque un

día responderán bien y otro día, mal. No existe nada más variable que las emociones humanas.

• **No compararte con nadie:** No te compares ni permitas que te comparen, porque no necesitas ser como nadie. La persona con problemas de autoestima vive comparándose: «Tú tienes marido e hijos, y yo no», «tú trabajas tal cantidad de horas pero yo trabajo más». Todas las bendiciones tienen un nombre: debes aprender a capturarlas y disfrutar de aquellas que tienen escrito el tuyo.

• **No «fusilar» a los demás:** No tomes como algo personal lo que te digan otros: «Alguien me ha dicho que aquel ha dicho que el otro ha hablado mal de mí.» Si te rechazan, no lo asumas como personal: existirán cientos de justificaciones posibles a cada acción. Quizá la persona que te lastimó fue lastimada, por lo cual herirá a quien sea debido a su propio conflicto. No te apresures.

• **No dar valor al dolor:** Debemos identificarnos con la felicidad y con el éxito, no con el dolor. No hemos venido a este mundo a cargar ninguna cruz ni a pagar ningún precio, sino a cumplir con nuestro propósito y a explotar al máximo todo el potencial del que disponemos.

• **No ponerte de víctima:** cada uno tiene el control de sus emociones y pensamientos. Decide qué sentir, qué pensar y qué hablar. No entregues el poder de tus sentimientos a los demás, porque si lo haces serás un títere en sus manos; nadie podrá lastimarte a menos que le des permiso.

• **No querer cambiar a nadie:** No gastes tus energías queriendo cambiar a tu esposo, esposa, suegros, hijos, jefes, etc., porque si la persona no quiere, no cambia. La mejor manera de que el otro cambie es no intentar cambiarlo. Si lo tenemos claro y podemos decir «no» a todo aquello que nos perjudique, si sabemos decir «no» a todo aquello que nos hace ser dependientes de los otros, estaremos listos y preparados para aprovechar todas aquellas oportunidades que se merecen un «sí». Cuando sabemos decir «no», estamos preparados para defender nuestros propios intereses, lo cual denotará que estamos enfocados hacia nuestros objetivos.

«La forma como comunicamos el "no" y el hecho mismo de hacerlo determina la calidad de nuestra vida.»* Démosle valor a cada palabra que decimos: no digamos «sí» cuando en realidad queremos decir «no», no tengamos miedo de perder ni de dejar de ser aceptados, amados o tenidos en cuenta por saber decir un «no» certero y eficaz a tiempo. Respetemos cada «no» que digamos.

El escritor William Ury describe en su libro *El poder de un no positivo* los tres grandes dones de un «no positivo»:

1. **Crea lo que necesitamos:** Por cada «sí» importante es necesario decir mil veces «no».
2. **Protege lo que valoramos:** El «no» positivo nos permite establecer, mantener y defender los límites críticos.
3. **Cambia lo que ya no funciona:** Digámosle «no» a la complacencia y el estancamiento en un lugar de trabajo.**

> «Decir "no" significa, ante todo, decirse "sí" a uno mismo y proteger aquello que uno valora.»
>
> **William Ury**

Un primer y certero «no» muchas veces es el principio del camino que necesitamos recorrer para llegar a establecer vínculos interpersonales sanos y acuerdos exitosos.

Si crees en las palabras que dices a diario y las llevas a

* URY, William, *El poder de un no positivo*, Norma, p. 7.
** Ibídem, pp. 23-25.

acciones concretas, dejarás de vivir de falsas expectativas, de la gente y de las limosnas que puedan darte. Si te aferras a la palabra de fe, comenzarás a ver todos tus sueños cumplidos, harás lo que nunca has hecho y las cosas viejas serán borradas. Todo, de ahora en adelante, será un hecho nuevo.

4. LOS OTROS Y YO

¿Acaso alguna fuente vierte por una misma abertura agua dulce y amarga? ¿Puede la higuera producir aceitunas o la vid higos? La respuesta es «no». Así también es como de una misma boca no pueden brotar palabras de amor y odio. Nuestra lengua es un órgano pequeño pero se jacta de grandes cosas. Nuestras palabras son capaces de encender enormes incendios.

Permanentemente los seres humanos necesitamos comunicarnos con los otros. A través del lenguaje, de la conversación y de las palabras, podemos dar a conocer cómo nos sentimos, qué es lo que nos está pasando, somos capaces de proyectar, soñar, acariciar, amar, festejar, bendecir, odiar y maldecir.

Muchos de los errores que cometemos se deben a que no sabemos expresar ni comunicar lo que queríamos decir. Tal vez no supimos elegir las palabras correctas, o perdimos el tiempo pronunciando cientos de ellas, sin darnos cuenta de que en el fondo no estábamos diciendo nada, con lo cual «el otro» no entendió en absoluto nuestro mensaje.

> «Todo hombre sea pronto para oír, tardo para hablar y tardo para airarse.»
> La Biblia

También puede ocurrir que el otro no registre lo que estamos diciendo por distracción, falta de interés, cansancio, aburrimiento, estrés o simplemente porque nuestras palabras sólo denotan ira, enojo, enfrentamiento o deseo de discutir. La mayor parte de nuestro tiempo no escuchamos a los otros, sino que estamos prestando atención a lo que queremos decirle, aconsejarle o contestarle, otorgándole así más valor a nuestras palabras que a escuchar al otro.

Sin embargo, saber escuchar resulta mucho más eficaz que hablar sin parar.

Si pudiésemos prestar atención a lo que los otros intentan decirnos, no sólo lograríamos entenderlos sino que llegaríamos a comprender su interior y sus acciones.

Todos hemos tomado malas decisiones alguna vez porque nos faltaron palabras de sabiduría. Muchas veces nos hemos «ido

> «Muchas palabras nunca indican sabiduría.»
> **Tales de Mileto**

de la boca», dicho lo que no teníamos que decir, por falta de reflexión, y otras tantas veces hemos hecho lo que no debíamos. Sólo cuando vivimos sabiendo qué decir y qué hacer nos convertimos en personas sagaces. Sagacidad no implica hacer trampa, no es ser listos, sino que es la capacidad de ser conscientes de las oportunidades que tenemos alrededor nuestro para sacarle el máximo provecho. La sabiduría no se aprende, se entiende.

Necesitamos aprender a escucharnos primero a nosotros mismos, para así poder ser entendidos por los

> «Es un necio quien pudiendo decir una cosa en diez palabras emplea veinte.»
> **Giosué Carducci**

otros. De lo contrario, lo nuestro serán monólogos que a nadie interesarán.

La comunicación es esencial y primordial en el vínculo interpersonal que establecemos a diario. Comienza por cuidar lo que hablas contigo mismo.

Podemos enunciar cientos de palabras y no decir absolutamente nada o podemos elegir lo que hemos de decir sabiendo qué es lo que esperamos que estas palabras produzcan en los otros. Comuniquémonos eficazmente.

A continuación, algunos ejemplos de comunicación breve y eficaz:

- El día que Nelson Mandela fue liberado tras veintisiete años de prisión en Sudáfrica, emitió la breve alocución que señaló el fin del *apartheid*. Sólo necesitó hablar durante cinco minutos.
- La oratoria de Winston Churchill ayudó a salvar a Inglaterra de ser vencida en la Segunda Guerra Mundial. La lectura del texto clave completo dura seis minutos.*

Cuando hablemos no lo hagamos por emoción, ni por sentimiento, ni para expresar una opinión ligera; hablemos porque lo que hemos de decir sea un canal de comunicación y resolución.

Hablar no significa imponer nuestra verdad «cueste lo que cueste», sino expresar nuestra perspectiva y dar a conocer nuestro mensaje. Una vez dicho, los otros serán libres de aceptarlo o no.

No dejemos que nuestras palabras nos condenen ni condenen a otros, nos juzguen o enjuicien. Llenémonos de palabras de vida, de pasión, de aliento, de estima, de motivación, de anhelos, de deseos y actuemos de acuerdo con ellas. Aprendamos a hablar en positivo y no en negativo.

Hablemos claro: «Sujétate con fuerza» es mejor que «Ten cuidado de no caerte». «Éstos son los alimentos que puedes

* HOFF, Ron, *Dígalo en seis minutos*, Granica, p. 16.

tomar» es más positivo que «Éstos son tus alimentos prohibidos». «Siéntate aquí» es mejor que «No te sientes tan cerca del televisor».* Nelson Mandela no llamó a sus memorias *Un largo camino para dejar el «apartheid»*, sino *Un largo camino hacia la libertad*. Su compromiso no era contra el *apartheid*, sino a favor de la libertad.**

No hagamos politiquería con las palabras, otorguémosles valor, convicción y firmeza a cada una de ellas. ¡Construyamos con ellas puentes, no los hagamos volar por los aires!

* THOMSON Meter, *Los secretos de la comunicación*, Granica p. 39.
** URY, William, *El poder de un no positivo*, Norma, p. 50.

15

LIBRES DE LA GENTE

> ¡Ladran, Sancho, señal que cabalgamos!
>
> DEL *Quijote* DE MIGUEL DE CERVANTES

1. ELECCIONES ENGAÑOSAS

Ser libre de la gente no quiere decir encerrarnos en una burbuja y no tener contacto con nada que tenga que ver con las personas, sino elegir con quiénes hemos de relacionarnos. La mayoría de los problemas que se nos presentan a diario son interpersonales: una discusión con un jefe, un entredicho con nuestra pareja antes de salir para el trabajo, una negativa que debimos darle a nuestros hijos, un intercambio de palabras con un profesor. Tanto sea en el conflicto como en la solución de los inconvenientes, habrá personas de por medio.

Hasta en las mismas emociones que experimentamos y que recordamos, en los buenos y malos momentos, hay personas involucradas. Las heridas tienen un rostro y ese rostro tiene un nombre.

Sin embargo, ninguno de estos recuerdos ni emociones

que vienen a nuestra mente debe ser un impedimento para alcanzar nuestros sueños. El ser humano es un ser social, y como tal necesita relacionarse con sus pares.

El hecho es que muchas veces fallamos; confiamos y nos apegamos a personas que no sumarán, sino que, por el contrario, tratarán por todos los medios de boicotear nuestro sueño. Por eso podemos decir: «Dime con quién andas y te diré adónde llegarás.»

«Pierde tus sueños y quizá pierdas la razón.»

The Rolling Stones

Nuestra meta es poder elegir eficazmente a quiénes nos acompañarán en el camino hacia nuestros sueños. Son las «conexiones y personas de oro» que potenciarán nuestras capacidades al cien por cien.

2. VOCES EXTRAÑAS

La comunicación es parte esencial de nuestra vida; todo el tiempo estamos comunicándonos con los otros, y la mayoría de las veces lo hacemos a través de las palabras. Si llegamos a una gasolinera y necesitamos cargar combustible, le pediremos a la persona que atiende que lo haga; si necesitamos dar una orden en el lugar de trabajo, se requerirá de un emisor y de un receptor que dé y reciba esa orden... Y así podemos seguir dando ejemplos: la maestra necesita tener a alguien a quien enseñar para poder ser y sentirse «docente»; de lo contrario, sin receptores, los conocimientos quedarán solamente en ella.

Así es como funciona la comunicación: uno habla y otro escucha y recibe la información. No siempre será un diálogo, a pesar de que seamos dos o más personas las que estemos involucradas en la conversación: podrá ser también un monólogo si ninguno está registrando las palabras del otro (y entonces todo quede en la nada) o tal vez, todo lo contrario, y entonces habrá un intercambio de palabras, opiniones, conceptos, verdades y mentiras que podrán determinar las decisiones que tomaremos.

Sin darnos cuenta, muchas veces le damos a la voz de los demás un valor y una estima que no merecen y así es como lejos de consistir en un consejo o una bendición, se transformará en un trastorno o en un obstáculo inmenso, en una creencia que tendré que refutar.

Para evitar la confusión, deberías reflexionar. Si permanentemente escuchas las voces exteriores, el mensaje que terminarás por recibir será:

- «No lo vas a lograr.»
- «Con dinero en la mano eres un peligro.»
- «Eres incapaz, nunca te has preparado.»
- «No sabes cómo ganarte la vida.»

Claro que ésas son frases y creencias falsas que has tomado por verdaderas y entonces te hicieron pensar que no serías capaz de alcanzar nada de lo que te propusieras.

El único ser que podrá limitar lo que eres capaz de alcanzar eres tú mismo.

Nadie está en condiciones de cuestionar ni juzgar ni tu potencial ni tus capacidades. Sólo a partir del momento en que cada persona toma el control de su propia vida es capaz de determinar sus errores y sus éxitos y entonces está en condiciones de refutar y cuestionar todas aquellas palabras que durante tanto tiempo la han frenado y ha llevado a vivir en un lugar de letargo y frustración.

Hoy, siendo libre de estas falsas verdades, podemos emprender un proceso de desintoxicación mental, emocional y espiritual para disponernos a ser la mejor y única versión de nosotros mismos.

A partir de esta nueva posición, de este nuevo «yo», conocerás la verdad y la verdad te hará libre de la gente, de las circunstancias y de aquellas «verdades» que no lo son.

Tiger Woods, antes de ser el primer campeón de golf de color, tenía para escuchar dos voces: la de gente que le decía: «Nunca un hombre de color va a ser campeón de este deporte», y la de su padre, que le dijo: «Tú eres un campeón.» Adivina a cuál le prestó atención.

Tal vez has pasado años tratando de alcanzar la felicidad y el éxito de acuerdo a los parámetros de los otros; quizás has luchado por llevar a cabo objetivos que sólo beneficiaban a quienes estaban a tu alrededor pero que a ti no te conformaban. Quizá tu padre soñó con que fueses médico, y has seguido la carrera de medicina tratando de obtener su aprobación, sin darte cuenta de que en realidad era él quien anhelaba ser médico. Sin detenerte a pensarlo, probablemente has avanzado hacia metas que te interesaban muy poco.

> «Procura conseguir lo que te gusta o te verás obligado a que te guste lo que no te gustará.»
>
> G. Bernard Shaw

Henry D. Thoreau escribió: «No basta con estar ocupado... la cuestión es: ¿en qué estamos ocupados?»

Piensa por un instante:

- ¿Qué estás buscando?
- ¿Qué estás persiguiendo?
- ¿En qué estás usando tu tiempo?

Estos objetivos, ¿aportan y suman a tu felicidad, a tu bienestar emocional, físico y espiritual? ¿O sólo estás corriendo por correr sin saber adónde quieres llegar?

George Soros, el especulador más reconocido del mercado de divisas, le dijo a un periodista del *National Post* de Canadá: «Ser reconocido como filósofo me proporcionaría una satisfacción infinitamente mayor que mi dinero», y al preguntarle el periodista si sería capaz de cambiar toda su fortuna a cambio de ese sueño, él contestó: «Pues sí, seguro.»

Cuanto menos tiempo dediques a escuchar las voces ajenas o extrañas, mayores serán los resultados que acumularás.

Cuanto mayor sea el tiempo que le dediques a escuchar tu propia voz interior, cuanto más te detengas a observar tu reloj interno y a prestar atención a lo que dice tu corazón, mayores serán los éxitos que vas a cosechar.

> «Tantas veces nos pasa que vivimos la vida encadenados y ni siquiera nos enteramos de que tenemos la llave del candado.»
>
> **The Eagles**

Las voces ajenas no saben de qué estás hecho, no conocen tu potencial ni lo ilimitadas que son tus fuerzas; tú mismo aún no lo sabes. Sólo cuando camines, corras y luches por tu pasión, por aquello que te quita el sueño, por lo que te quema por dentro, sabrás de qué estás hecho. La verdad está dentro de ti y sólo a ti te corresponde ponerla en marcha.

3. LAZOS DEL ALMA VS. LAZOS MORTALES

Cientos de mandatos internos y externos irrumpen a diario, a cada momento, desde que nos disponemos a comenzar nuestro día; se trata de presiones externas, internas, reclamos y pedidos, tantos que de un momento para el otro te sientes angustiado por la sensación de que debes cumplir con cada una de las órdenes que recibes, y eso es imposible.

Y esto es peor si esas órdenes provienen de personas con las que tienes lazos afectivos: un amigo, tu pareja, un jefe, un líder o un familiar, vínculos que has ido entretejiendo y que han pasado a definir y a decidir qué es lo mejor para ti y tu futuro.

Escuchas a todos los tuyos, a los de tu alrededor, incluso las noticias de la televisión: voces, voces y más voces; lazos que se mezclan en tu mente, ejerciendo tal presión que confunden tus metas y tus sueños.

Y así es como te sumerges en una carrera en la cual no tienes claro hacia adónde estás yendo ni qué es lo que estás buscando: ¿tu bienestar y tu éxito o la aprobación externa?

Son vínculos que aprisionan nuestra mente, voluntad y emociones de tal forma que no nos permiten diferenciar nuestro deseo del de los demás. Y así nos olvidamos de que para poder alcanzar la propia satisfacción y la tan preciada paz es vital que reconozcamos qué es lo importante y prioritario para nosotros.

E. E.Cummings decía: «Ser sólo tú mismo, en un mundo que hace lo posible, noche y día, para hacerte semejante a los demás, significa librar la batalla más difícil que cualquier ser humano pueda librar.»

La mayoría de las veces confiamos más en los otros que en nosotros mismos, de tal forma que somos capaces de desnudar nuestro interior frente a la mirada de los demás, esperando una respuesta que en realidad sólo a nosotros nos compete darnos. Le otorgamos tanto valor a la opinión ajena, le volcamos tanto afecto, que cuando no recibimos la devolución que esperábamos nos sentimos defraudados. Entonces lloramos, nos deprimimos, creemos que se nos «cae el mundo» y que no podremos confiar en nadie más. Sentimos que nos clavaron un puñal por la espalda y nos olvidamos de que en ese vínculo intervinieron personas ante las cuales tomamos la decisión de desvelar nuestra alma.

Todas son personas que, como tú y yo, cometen errores. Y como sucede con todo error, lo mejor es que cuando ocurra aprendamos que las relaciones interpersonales necesitan tener un límite. Nadie podrá avanzar sobre ti si no le das autoridad y poder para hacerlo.

El límite muchas veces es entendido por los otros como una actitud antipática de nuestra parte; sin embargo, aplicarlo nos evitará muchos malos momentos. Sólo tú podrás decidir quién entrará en tu círculo social más íntimo. Poner límites sanos a tus relaciones personales no sólo te va a ahorrar dolores de cabeza, sino que también te proporcionará la libertad que necesitas para tomar aquellas decisiones que te acercarán cada vez más a tus sueños.

4. VÍNCULOS SANOS

Todos los días empleamos mucho tiempo en relacionarnos con los otros. Cuando estudiamos, trabajamos, viajamos, vivimos, nos comunicamos con otros seres humanos, pero no con todos ellos establecemos vínculos.

El vínculo entre dos personas es un lazo que las une, ya sea en el ámbito laboral, afectivo o amistoso. Dentro de estos vínculos que establecemos están aquellos que nos afectan de manera positiva y aquellos que nos influyen desfavorablemente.

Hay quienes tienen como objetivo establecer vínculos con el único fin de obtener algún beneficio personal, sin importar el coste o el efecto emocional adverso que ello pueda causarle a la persona involucrada en la relación.

¿Cuántas mujeres son seducidas por hombres que sólo buscan sacar provecho de esa situación, y viceversa?

¿Cuántos han querido ser amigos tuyos desde que se enteraron de que compraste una casa rural y vas todos los fines de semana?

¿Cuántos viejos «amigos» recordaron tu número de teléfono cuando se enteraron del nuevo puesto que habías conseguido en la empresa?

¿Cuántos de los familiares que hace años que no te llaman te invitan a comer cuando se enteran de que estás teniendo éxito?

Con todos podemos comunicarnos; es de cortesía y gentileza responder a las llamadas, lo que no quiere decir que debamos establecer vínculos. Los vínculos personales sólo podrán afectarnos dentro de los límites que nosotros mismos les impongamos.

Sin embargo, sí tendremos que plantearnos como objetivo establecer vínculos y «relaciones de oro» que nos impulsen a llegar a nuestro éxito. Y cuando hablo de «oro» no me refiero a personas materialmente ricas, sino a aquellas que saben que nuestro potencial es ilimitado y nos alientan para que nada nos frene para llegar a la meta. Hay un dicho popular que dice: «La familia te toca, los amigos se eligen», y es cierto; lo mismo ocurre con los mentores. Ellos serán quienes nos generarán nuevas posibilidades de éxito.

Tal vez la persona que hoy acabamos de conocer sea una *conexión de oro* mañana, quien nos abra una nueva puerta laboral, nos genere una nueva oportunidad de negocios o tenga una idea o sugerencia acerca de cómo podemos resolver la dificultad en la que nos encontramos.

Cualquiera que sea el ámbito en el cual te desarrolles, el

buen trato y la buena disposición que establezcas sumarán a tu favor.

Una buena forma de establecer vínculos sanos es el brindar soluciones a los que te rodean; es más agradable estar al lado de aquel que nos da soluciones o aporta ideas que de aquellos que generan problemas.

Eso no significa que tengamos que tener la solución para todos los conflictos del mundo, pero sí que debemos intentar ayudar de una u otra manera a los que nos rodean. Ayudar no significa decirle al otro lo que tiene que hacer, sino darle una idea que pueda acercarle a una posible solución.

La escritora Mary Oliver cuenta en su libro *Mockingbirds* este relato: «Había una vez una pareja de ancianos muy pobres que abrieron su hogar a unos extraños que llamaban a su puerta. Los pobres viejos no tenían ningún bien mundano que ofrecer a los inesperados visitantes, sólo su deseo de tratarlos solícitamente. Resultó que los huéspedes eran dioses que sorprendieron a sus anfitriones al decirles que aquella buena predisposición era el regalo más precioso que les podrían haber hecho unos simples seres humanos.»*

> «El 70% de los clientes que pierde una empresa se marcha, no por el precio ni por la calidad, sino porque no le gusta trabajar en el aspecto humano con ese proveedor.»
>
> **Tom Peters**

¿A quién de nosotros le gusta estar cerca de aquellos que a diario nos maltratan o no nos tratan con el respeto que nos merecemos? Absolutamente a ninguno.

Toda persona que desee establecer relaciones interpersonales sanas necesita:

* OLIVER Mary, *Mockingbirds*, The Atlantic Monthly, p. 80.

- Tratar bien al otro.
- Brindar la atención que la otra persona merece (sea quien sea, desde el portero de la empresa hasta el gerente general).
- Establecer los límites necesarios que demande cada tipo de vínculo.
- Conectarse con lo bueno y lo mejor de cada persona: eso le permitirá jugar el partido en equipo. Estamos en la era de los equipos: los «llaneros solitarios» sólo ganan batallas en antiguas series de televisión.

5. LOS HERIDORES PROFESIONALES

Demasiadas personas consideran, a menudo, que haber obtenido un máster o un posgrado o haber alcanzado un cargo de privilegio las autoriza para lastimar, subestimar y desestimar a otros en público.

Ostentan sus títulos, su poder económico o su estatus sin darse cuenta de que la arrogancia y el maltrato se han apoderado de su trato con los demás.

¿Te ha pasado alguna vez que un trabajo al cual le habías dedicado horas y todo tu tiempo libre fue brutalmente menospreciado delante de todos tus compañeros? ¿Solían tus padres avergonzarte delante de tus amigos a raíz de las calificaciones que obtenías?

Por cierto, en algún momento de nuestra vida, todos hemos sido maltratados o avergonzados por nuestros padres, pares, jefes o superiores. El hecho es que estas experiencias lastiman, penetran y causan severas heridas y secuelas en la autoestima de la persona que las recibe.

Algunas personas son máquinas avasalladoras, que no se detienen a separar el trigo de la cizaña; para ellas todo es lo mismo, todo está permitido, lo único que les importa es el provecho y la ganancia que podrán obtener de cada movimiento que ejecuten.

Son *personajes tóxicos*, que a diario se empecinan en hacernos la vida difícil: «Si yo no puedo ser feliz, tú tampoco», retumba como eco en sus mentes. No viven ni dejan vivir.

Pero eso era hasta hoy. Unas pocas líneas más abajo podrás leer los rasgos más sobresalientes de estas personalidades tóxicas y entonces serás capaz de identificarlas y de hacer algo aún mejor: al reconocerlas conseguirás situarte lo más lejos que puedas de ellas, ignorarlas y seguir tu camino. Descubrir sus movimientos te permitirá subir un escalón en el camino hacia la libertad.

Características de los heridores profesionales

- **Siempre tienen piedras en la mano:** son personas que estarán esperando la oportunidad en la que cometas un error para hacértelo notar y demostrar ante los demás que, si no hubiese sido por ellas, tu error hubiera desprestigiado a la empresa o hubiese puesto en peligro la ejecución de algún proyecto. Como es de esperar, harán su corrección en público. Estas personas sólo logran aumentar su figura si el otro merma o es descalificado, de lo contrario no saben cómo hacerse notar.

> «No malgastes el tiempo intentando superar tu fobia a las serpientes, es mejor que las evites.»
>
> **Richard Koch**

Ahora bien: ¿quién puede afirmar que nunca erró, que nunca falló o tomó una mala decisión? Como le dijo Jesús a los que se disponían a apedrear a María Magdalena: «El que esté libre de pecado, que tire la primera piedra.» ¿Tú estás en condiciones de tirarla? Yo tampoco. Sin embargo, los *heridores profesionales* se sienten intocables y con más capacidad para ver la paja en el ojo ajeno que en el suyo propio, dejando así secuelas difíciles de sanar y restaurar.

• **Siempre vigilan, esperando que lo malo suceda al fin:** presentan a diario este tipo de personas reclamos y «acuses de recibo». Son aquellas que tarde o temprano te *pasarán factura* por el favor o la palabra o la conexión que te ofrecieron. Se trata de *personas tóxicas* que no entendieron la ceremonia del *potlach*, un ritual que, utilizado como corresponde, podría resultar beneficioso para nosotros. El *potlach* es una antigua ceremonia que celebraban los indios nutras, la cual consistía en abrumar a alguien a base de regalos. El *potlach*, dentro de los límites razonables, tenía su utilidad.*

Claro que no es el caso de los *heridores profesionales*, de esa gente que vive y disfruta del fracaso y del dolor ajeno para poder brillar y tomar protagonismo. Estos *heridores profesionales* son aquellos que no festejarán contigo tus éxitos, y, lo que es peor, pronosticarán que si algo te salió bien pronto se desatará alguna fatalidad. Hay un dicho popular que dice que si te ríes mucho en viernes, algo malo va a pasarte el fin de semana. Así es como piensa esa gente: anuncian desgracias, tragedias y huracanes, tratando de robarte la felicidad que tienes o que has alcanzado al haber abrazado la felicidad o el éxito.

Son personas que no saben de arrepentimiento ni de perdones. En su vocabulario no se encuentran las palabras «perdón», «disculpas», «lo siento». Sus decisiones son inmutables e inamovibles, sea cual sea el efecto que sus palabras o sus

* PETERS, Op. cit., p. 30.

actos puedan producir en los otros. Son conocidos por ser los «dueños de la verdad». Claro que se trata de sus verdades, pero no de la tuya ni de la mía.

> «Si no puedes ser un buen ejemplo, tendrás que conformarte con ser una horrible advertencia.»
>
> Catherine Aird

Te podrán decir:

- «¿Para qué quieres correr?»
- «¿Para qué deseas lograr tu sueño?»
- «Otro día lo puedes hacer.»
- «No es tu tiempo, no es tu momento.»
- «Siempre hay tiempo, no te apures.»
- «¿Para qué vas a hacer más?»
- «¿Para qué vas si no hay premio, si el rey no te va a dar una corona?»
- «¿Para qué te esfuerzas, si no hay ni recompensa ni ganancia?»

Alguien dijo: «El hombre muere cuando deja de aprender.» Bill Gates aseguró hace años que 640 kb eran más que suficiente para un ordenador personal; hoy sería ridículo afirmarlo. Mientras puedas aprender, estarás vivo para realizar tus sueños.

En el transcurso de nuestra vida seguramente nos encontraremos con personajes como los descritos. El objetivo es que a pesar de su existencia, sus estrategias y sus arpones no nos alcancen, ni siquiera nos rocen. Si a una persona le buscas el lado malo, seguramente se lo vas a encontrar; pero si te empecinas en sacar lo mejor de ella, también podrás hacerlo.

Claro que es mucho mejor quedarse con lo bueno del otro que con sus defectos, pero éste no es el modo de pensar de las *personalidades tóxicas*. En cuanto a ellas, no hagas nada por cambiarlas, sólo cambia el que desea hacerlo; lo mejor que puedes hacer es evitar al máximo el contacto con este tipo de gente, resguardando así tu estima y tus emociones. Ser libre de todas sus especulaciones te permitirá llegar mucho más rápido al objetivo.

Sólo aquel que es libre puede hacer al otro libre.

6. EL LADO OSCURO DEL CONTROL

La vida es un cóctel de decisiones, elecciones y pensamientos que determina nuestra libertad. Nuestros estados de ánimo no son sólo sensaciones sino decisiones que tomamos a cada momento. Los acontecimientos pueden ser determinantes a la hora de estar bien o no, pero no dejan de ser consecuencias de decisiones que tomamos en un estado de libertad de elección: *soy yo* quien decide sentirse mal o bien, sólo yo tengo el control de mi vida y estoy autorizado a elegir lo que es mejor para mí. Es decir, eres tú quien a cada momento decidirás qué valor le darás a cada palabra que recibas.

Si nuestro ojo está puesto en el afuera, serán los otros quienes decidan cómo hemos de sentirnos. Pero si somos nosotros quienes tenemos el control, sabremos cómo cuidarnos y elegir lo que nos conviene.

Sólo cuando puedas ayudarte a ti mismo estarás en condiciones de ayudar a los demás. Debes ser el dueño de tu mundo emocional. Tu bienestar no dependerá del trato que recibas de los demás, sino del que tú sepas darte. Ninguna otra persona tiene el poder de hacerte sentir mal a menos que tú le des permiso para que lo haga.

Todos los sentimientos que creamos se originan en nuestro interior, pero así como nacen pueden ser modificados y, si no nos sirven, desechados. Odiar, amar, querer, respetar son decisiones que nos pertenecen. La libertad de elegir es parte de nuestra naturaleza, de nuestra creación, del mismo modo en que está en la naturaleza del esclavo el seguir lo que su amo o «los otros» le impongan.

¿Cuántas veces sentiste resentimiento o rabia por lo que contaron de alguien? Seguramente muchas, aunque no fuese algo relacionado contigo, pero que padeciste de todas maneras.

> «El arte de vivir se compone en un 90 % de la capacidad de enfrentarse a personas que no puedes soportar.»
>
> Samuel Goldwin

¡No convirtamos a los otros en formadores de nuestras emociones! ¡No les otorguemos tal poder! Hoy más que nunca mereces decidir ser feliz.

7. ENCUÉNTRALES LA VUELTA

Personas tóxicas eran quienes le impedían a Martin Luther King disfrutar de los derechos que tenía un hombre blanco.

Hay seres difíciles con los que uno tiene que convivir a diario, ya sea en el trabajo, en la casa o aun cuando decide sentarse en un restaurante y pedir lo que ha elegido para comer. Abusos, malos tratos, impulsividades, negativas, desencantos y frustraciones son cosas que vivimos la mayor parte del tiempo,

> «Un enemigo ocupa más lugar en nuestra cabeza que un amigo en nuestro corazón.»
>
> A. Bougeard

debido a las personas que a diario se proponen intimidarnos y coartar nuestros sueños.

Gente difícil, tóxica que, sin embargo, de ninguna manera puede convertirse en la excusa perfecta de tu frustración; todo lo contrario, necesitas convertirla en detonante de tus éxitos.

Si te dicen que no se puede, es porque sí puedes.

Si te dicen que es inútil que sigas insistiendo, tú sigue golpeando porque la puerta se abrirá.

Si te dicen que no vale la pena, tú insiste, porque seguramente en la negativa está escondida tu prosperidad. Los «no» de los otros son los «sí» de los que no dependen ni de las palabras ni de las emociones de nadie.

No te concentres en las personas, céntrate en los objetivos. No te detengas a evaluar ni a intentar entender a nadie. Tu objetivo no es comprender ni justificar las actitudes de los otros, sino las tuyas, lograr la visión correctiva necesaria y seguir hacia la meta.

Frente a los *tóxicos*, no te enojes, no te amargues. Sé astuto e inteligente:

- No te ofusques: si te enojas generarás una pelea y en toda batalla hay heridos
- Busca el lado positivo: aprende de ellos lo que *no* hay que hacer y revierte a tu favor la situación.

De esta forma aprenderás a ser libre de la *gente tóxica*, a definir con inteligencia tus nuevas relaciones. De acuerdo con las personas a las que les permitas estar a tu lado, será el mundo que construyas.

8. LA LEY DE LA SIEMBRA

¿Cuántas veces has regalado algo y a pesar de que esperabas que te dieran las gracias éstas no llegaron y te has sentido frustado?

¿Alguna vez te has quedado sin dormir toda la noche terminando el informe que te pidieron en la oficina y al día siguiente, al entregarlo, te han dicho que ya no lo necesitaban y has pensado ¿por qué no me llamaron y me avisaron»?

¿Cuántas veces eres tú el que llama a tus familiares para los cumpleaños, pero cuando es el tuyo parece que todos se han olvidado de ti?

¿A cuántos seguramente les has hecho favores pero cuando los has necesitado tú era como si se los hubiera tragado la tierra?

A diario depositamos cientos de expectativas en los otros y esperamos que nos respondan de la misma manera, pero esto no siempre sucede así.

> «No hablaré mal de ningún hombre y hablaré todo lo bueno que sepa de todos.»
>
> Benjamin Franklin

Si bien hay personas que son agradecidas y saben el valor de tus acciones, otras no lo son. Algunas responden con la misma moneda, otras no. Y tú no podrás cambiarlas.

Si recibimos lo que esperamos nos alegramos, si no, nos decepcionamos, y una vez más nuestras expectativas se frustran. Si recibes lo que esperabas, es un «bono extra», bienvenido sea; si no, sigue adelante, no te detengas a esperar las gracias.

Lo que hagas, hazlo de corazón, porque el que sirve es más grande que el que es servido. No esperes recompensa. Siembra en los otros, y sin darte cuenta, un día, esa siembra se te va a recompensar. La cosecha será tan grande que no va a caber en tus manos.

Lo que hagas por los otros, en algún momento, quizás otra persona lo hará por ti. No importa el tiempo que pase; si has sembrado, cosecharás. Lava los pies de los otros, cál-

> «Y el que da semilla al que siembra, y pan al que come, proveerá y multiplicará su sementera, y aumentará los frutos de su justicia, y será enriquecido en todo para la liberalidad.»
>
> La Biblia

zate y sigue caminando; esas pisadas que dejaste en el camino, en algún momento te van a alcanzar. La calidad y la cantidad de tu bendición empiezan y terminan siempre en ti y en los tuyos. ¡No lo olvides!

9. LIBRES DE LA GENTE TÓXICA

Hay *personalidades tóxicas* que anhelan todo lo que tú tienes; y se alegran de tus desgracias o dificultades. Se trata de personas que no pudieron encontrar un sentido, un rumbo a sus vidas, y entonces revolotear a tu alrededor como murciélagos, tratando de chupar tu sangre. No son arquitectos de su propio destino, sino que deciden recorrer el trayecto que tú has elegido transitar, son seres dependientes. Quizá su apariencia sea la de personas con rasgos de superioridad, de autoridad, de poder, de alta estima, de capacidad; sin embargo, sus actitudes y los resultados que obtienen los ponen al descubierto.

Son personas con grandes problemas de relación, con autoestimas destruidas, que amenazan tus sueños y tus expectativas.

Sus máscaras les sirven para intentar atarte a creencias falsas y vacías.

Ayer las veías como grandes e importantes, hoy realmente las conoces. Hoy puedes ser libre de cada una de las máscaras que han querido venderte y presentarte como «la mejor».

Son personas que han vivido, como dice Erich Fromm,

con miedo y frustración: «El hombre moderno vive bajo la ilusión de saber lo que quiere, cuando en realidad quiere lo que tiene que querer.»

Miles de humanos viven a diario historias que no han escrito, trabajan por objetivos que no les pertenecen, viven de sobras y no en la abundancia. Quieren tu puesto de trabajo, tu salario, tus amigos, tu familia, tu sencillez, tu carisma, tus hijos, pero no están dispuestos a hacer el mínimo cambio en sus vidas para que lo mejor y lo que les pertenece a ellos llegue a su existencia. Invierten más tiempo en envidiar e idealizar tu lugar y tu vida que en elegir, decidir y actuar para que lo mejor llegue también a las suyas propias.

En muchas oportunidades, sientes pena por ellos y tratas por todos los medios de ayudarlos a cambiar. Te abres, los dejas entrar en tu casa y sin darte cuenta los habilitas para la estocada final.

Si hay algo que deberían cambiar, la decisión no dependerá de ti, sino de que ellos mismos tengan la necesidad y la voluntad de encarar una transformación en su vida y de encontrar la forma de relacionarse sanamente con los otros. La gente que cambia es la gente que quiere cambiar.

Cada persona ha sido creada con una combinación única de habilidades, dones, facultades y talentos que sólo pueden ser descubiertos por ella misma. Cada uno de nosotros tiene una conciencia y un espíritu que nos permiten darnos cuenta de aquello que es una continua piedra en nuestro camino; dependerá, pues, de cada uno de nosotros que demos los pasos para apartar el obstáculo y seguir avanzando.

Somos seres independientes, únicos, inigualables, libres. Nadie es igual a mí y yo no soy igual a nadie. ¡Qué bendición! Cómo sería esta vida si fuésemos clones los unos de los otros... Nuestra creación es perfecta: somos seres libres y únicos, independientes, con voluntad, dominio propio, conciencia, alma, mente y espíritu originales. ¡Qué bueno es poder gozar de esta libertad y decidir quiénes realmente queremos ser!

> «Recuerda siempre que tu propia decisión de triunfar es más importante que cualquier otra cosa.»
>
> **Abraham Lincoln**

«Cuanta más atención prestes a lo que hacen las masas, más comprenderás que los planteamientos del tipo todo el mundo lo hace, no sirven para dejar tu impronta en este mundo. Si bien resulta tentador unirse a la multitud, no olvides nunca que tú tienes sueños valiosos y otras cosas más importantes que conseguir.»*

Saber que somos únicos en ADN, identidad, propósito, metas y sueños nos hará libres de frustraciones y nos abrirá camino en nuestro diario vivir. Permitir que los otros puedan alcanzar su destino ayudará a que tú también puedas alcanzar tu máximo potencial.

Sólo tú puedes diseñar tu propio triunfo, sólo tú eres capaz de establecer y definir cuándo alcanzaste el éxito. Tu marca es personal. Tu victoria te hará recordar quién eres, de qué estás hecho y los sueños por los que has vivido y dado todo de ti. Llegar a la meta requiere de coraje, valor y convicción. Primero tienes que reconocer que nadie te debe nada y que tú no le debes nada a nadie.

> «Lo único que puedes cambiar del mundo es a ti mismo, y eso hace toda la diferencia del mundo.»
>
> **Cher**

Ser libre de la gente, ¡qué espectacular! Imagínate poder ocuparte tú de tu propia vida, no esperar de terceros,

---

* ZELINSKI, Ernie, *El éxito de los perezosos*, p. 41.

no vivir debiendo favores; ser tú quien genere una existencia de desafíos y metas. Imagínate qué bueno es poner el despertador todos los días y saber que al levantarte tienes metas, desafíos y sueños que dependen sólo de ti. Y qué bueno es también tener un día a la semana para disfrutar del descaso que te mereces.

Imagina qué felicidad es saber que lo que hoy tienes es el resultado de que no has bajado los brazos y has desafiado a los imposibles, que la limitación y las frustraciones de los otros no te han detenido y que eres el autor y el artífice de tu propio destino. Es fantástico tener las cuentas a cero.

Abraham Lincoln dijo: «Las cosas quizá lleguen a quienes esperan, pero sólo aquellas desechadas por quienes se esfuerzan.»

Qué bueno es poder decir: «Vida, no te debo nada, no me debes nada, las cuentas están saldadas. Crea tu propia vida, que yo me encargo de la mía.»

> **«Dando libertad a los esclavos, la aseguramos a los libres.»**
>
> **Abraham Lincoln**

BIBLIOGRAFÍA

ABELA, IsabeL Fricke, *Marketing personal. Formación de líderes y programación mental para el éxito*, Vergara.

ALBRECHT, Karl, *Inteligencia social. La nueva ciencia del éxito*, Editorial Vergara.

BERNSTEIN, Albert J., *Vampiros emocionales. Cómo reconocer y tratar con esas personas que manipulan nuestros sentimientos*, Edaf.

BEATTIE, Melody, *Ya no seas codependiente. Cómo vivir y evitar una relación enferma con seres queridos que son comedores compulsivos, adictos al alcohol, tabaco, drogas, sexo*, Promexa.

BONET, José-Vincente, *Sé amigo de ti mismo. Manual de autoestima*, Sal Terrae.

BRANDEN, Nathaniel, *Los seis pilares de la autoestima*, Paidós.

—, *Cómo mejorar su autoestima*, Paidós.

BRETON, Philippe, *Argumentar en situaciones difíciles: qué hacer ante un público hostil, las afirmaciones racistas, el acoso, la manipulación y las agresiones en todas sus formas*, Paidós.

CIARAMICOLI, Arthur y KETCHMAN, Catherine, *El poder de la empatía*, Vergara.

EFRON-POTTER, Ronald y EFRON-POTTER, Patricia, *Vergüenza, ¡una vivencia ambivalente que puede ayudarte a crecer!*, Promexa/Hazelden.

FANGET, Frédéric, *Atrévete: Terapia para la autoconfianza*, Diana.

GABOR, Don, *El arte de la conversación, 101 ideas para triunfar en situaciones comprometidas*, Plaza & Janés.

GARCÍA-RINCÓN DE CASTRO, César, *Educar la mirada: Arquitectura de una mente solidaria*, Narcea.

GARRIDO, Vicente, *El psicópata, un camaleón en la sociedad actual*, Algar.

HERNÁNDEZ, Meritxell, *Envidia bien y no mires a quién. Un análisis psicológico de este sentimiento*, Obelisco.

HOFF, Ron, *Dígalo en seis minutos. Cómo hablar poco y decir mucho*, Granica.

IERACI, Gaston, *En conflicto con mis hijos, en conflicto con mis padres. Maneras diplomáticas para hablar con los hijos, qué hacer y qué no hacer cuando se habla con los padres*, Presencia de Dios.

JAMES, PH. D., Jennifer, *¡No se ofenda! Aprenda a protegerse de las críticas y de los comentarios imprudentes de los demás*, Norma.

JONES, William M., *El arte de la manipulación. Teoría y práctica para dominar a los demás*, Selector.

KATZ, Steven L., *El arte de domar leones. Secretos y técnicas de los domadores para tener éxito con los jefes y clientes duros*, Robin Book.

KIRSCHNER, Rick. y BRINKMAN, Rick., *Cómo tratar con gente a la que no puede soportar. Consejos para conseguir sacar lo mejor de las personas más difíciles*, Deusto.

LA BIBLIA, Reina Valera 1960, Vida.

LUCHI, Roberto; ZAMPRILE, Alejandro y LUZURIAGA,

Nicolás, *El arte de la negociación posicional. Cómo adaptar el traje a la medida de cada situación*, Temas.

MANDEL, Bob, *Regreso a sí mismo. Autoestima interconectada*, Kier.

MINCHINTON, Jerry, *Máxima autoestima*, Sirio.

O'LEARY, Jeff, *Los principios del centurión. Lecciones desde el campo de batalla para líderes vanguardistas*, Grupo Patria.

PETERS, Tom, *210 ideas para ascender y sobresalir. En busca del boom*, Deusto.

PIAGET, Gerald W., *Personas dominantes. Aprenda a reconocerlas y evite que controlen su vida*, Vergara.

PIÑUEL, Iñaki, *Mobbing: manual de autoayuda para superar el acoso psicológico en el trabajo*, Aguilar.

SALINAS, Enrique Ortega, *Cómo lograr que los demás se salgan con la nuestra. Técnicas de persuasión, negociación y oratoria*, Gráfica Sur.

SHELLEY, Marshall, *Dragones bienintencionados: cómo ministrar a gente problemática en la iglesia*, Casa Bautista de Publicaciones.

STAMATEAS, Bernardo, *Aconsejamiento pastoral*, Clíe.

—, *Cómo alcanzar tu máximo potencial*, Certeza.

—, *Libres de la gente*, Presencia de Dios.

—, *Emociones lastimadas: sanidad interior para el daño emocional*, Presencia de Dios.

STAMATEAS, Alejandra, *Cuerpo de mujer, mente de niña*; Presencia de Dios.

STONE, Douglas; PATTON, Bruce y HEEN, Sheila, *Negociación; una orientación para enfrentar las conversaciones difíciles*, Norma.

THOMSON, Peter, *Los secretos de la comunicación. Cómo ser escuchado y obtener beneficios*, Granica.

URY, William, *El poder de un no positivo. Cómo decir no y sin embargo llegar al sí*, Norma.

Zelinski, Ernie J., *El éxito de los perezosos. Cómo ser más creativo y exitoso trabajando menos*, Vergara.

ZAISS, Carl, *Transforme la calidad de sus relaciones con los demás*, Universitaria Ramón Areces.

ÍNDICE

OTROS TÍTULOS DE LA COLECCIÓN

El cuerpo del delito

PATRICIA CORNWELL

Patricia Cornwell se adentra en esta adictiva novela en el intrigante mundo de la intrépida doctora en Medicina Legal Kay Scarpetta.

Alguien acecha a Beryl Madison. Alguien que la espía, que observa todos sus movimientos y que le hace amenazantes y obscenas llamadas telefónicas. La joven y solitaria escritora busca refugio en Miami, pero al final regresa a su casa de Richmond. La misma noche en que llega, Beryl, inexplicablemente, franquea el paso de su casa al asesino. Así comienza para la doctora Kay Scarpetta la investigación de un delito tan tortuoso como extraño. ¿Por qué abrió Beryl la puerta? ¿Conocía a su asesino? Scarpetta comienza a atar los cabos de las intrincadas pruebas forenses y, gracias a unas inquietantes cartas, descubre que la escritora estaba siendo acosada. Lo que Scarpetta no consigue explicarse es por qué Beryl dejó entrar al criminal. Por su parte, el codicioso abogado de Madison acusa a la forense de perder el último manuscrito de su cliente, un texto autobiográfico en el que hablaba de su enigmática relación con un galardonado y reconocido escritor. Mientras Scarpetta reconstruye los pasos de Beryl, irá acercándose, poco a poco y sin darse cuenta, a un asesino que acecha en la sombra...

Crónica de sucesos

MICHAEL CONNELLY

Antes de llegar a ser un novelista superventas, Connelly se dedicó al periodismo de sucesos en Florida y Los Ángeles. Con sus vívidos artículos permitía a los lectores traspasar los precintos policiales. Seguía a los investigadores, a las víctimas, a sus familias... y a los asesinos. Estas observaciones de primera mano le sirvieron como posterior inspiración de sus novelas: desde *El eco negro*, basada en un atraco a un banco, hasta *Pasaje al paraíso*, que se nutre del caso no resuelto de un hombre que fue hallado en el maletero de su Rolls Royce. También los detalles fundamentales de sus personajes más conocidos, tanto héroes como villanos, están esbozados a partir de policías y asesinos reales; sus semblanzas apasionarán a los interesados en la historia criminal de nuestro tiempo. Tan inusitadas y tan apasionantes como la ficción, estas piezas muestran una vez más que Connelly no sólo es un maestro en su oficio, sino uno de los mejores escritores estadounidenses de la actualidad.

La salvación de los templarios

RAYMOND KHOURY

Constantinopla, 1203. Mientras la armada de la cuarta Cruzada sitia la ciudad, varios caballeros templarios logran infiltrarse en la librería imperial, dispuestos a recuperar unos documentos que han caído en las manos equivocadas.

Ciudad del Vaticano, época actual. El agente del FBI Sean Reilly accede a los archivos secretos sobre la Inquisición. Su amante ha sido secuestrada, y la clave para su libertad reside en una historia secreta de los templarios que podría desvelar el enigma mejor guardado de la Historia. Pero nadie estará a salvo...

Las amantes de mi marido

BRIDGET ASHER

Cuando Lucy se entera de que Artie, su encantador e infiel marido, se está muriendo, regresa a su casa, coge la agenda de teléfonos de él y decide no pasar por ese trance sola. Después de todo, las amantes de Artie estuvieron a su lado en los buenos momentos. ¿Es justo que en los malos le toque sólo a ella acompañarlo?

Pero cuando telefonea a las mujeres de la agenda de Artie y las invita a que vayan a verlo para despedirse, lo último que espera es que se presenten. Sin embargo, una tras otra, acuden a la cita: la que lo odia, la que le debe la vida, la que se convirtió en lesbiana por él, y la que él enseñó a bailar. Y también, alguien con la historia más extraña de todas.

A medida que las mujeres comparten secretos y lágrimas, descubren que tienen muchas cosas en común, e incluso empiezan a sentirse parte de algo parecido a una familia. Pero Lucy está segura de una cosa: las mayores sorpresas todavía no han llegado...

Los derechos cinematográficos de esta novela han sido adquiridos por el productor Kevin Mischner (*La identidad Bourne*). Julia Roberts protagonizará al personaje principal.